高校体育教学与运动训练

陈 威◎著

吉林出版集团股份有限公司

图书在版编目（CIP）数据

高校体育教学与运动训练 / 陈威著. -- 长春 : 吉林出版集团股份有限公司, 2023.6

ISBN 978-7-5731-3555-1

Ⅰ. ①高… Ⅱ. ①陈… Ⅲ. ①体育教学－教学研究－高等学校②运动训练－教学研究－高等学校 Ⅳ. ①G807.4②G808.1

中国国家版本馆 CIP 数据核字（2023）第 111999 号

高校体育教学与运动训练

GAOXIAO TIYU JIAOXUE YU YUNDONG XUNLIAN

著　　者　陈　威
出版策划　崔文辉
责任编辑　赵晓星
封面设计　文　一
出　　版　吉林出版集团股份有限公司
　　　　　（长春市福祉大路 5788 号，邮政编码：130118）
发　　行　吉林出版集团译文图书经营有限公司
　　　　　（http：//shop34896900.taobao.com）
电　　话　总编办：0431-81629909　营销部：0431-81629880/81629900
印　　刷　廊坊市广阳区九洲印刷厂
开　　本　710mm×1000mm　1/16
字　　数　312 千字
印　　张　14.5
版　　次　2023 年 6 月第 1 版
印　　次　2023 年 6 月第 1 次印刷
书　　号　ISBN 978-7-5731-3555-1
定　　价　78.00 元

前　言

大学生是未来祖国现代化建设的人才。健壮的体魄、良好的心理素质、高尚的道德情操已成为21世纪对人才的基本要求。大学生正处于身体发育的旺盛阶段，因此树立健康第一的思想、培养良好的体育锻炼习惯、掌握科学的体育锻炼方法，对提高大学生个人身体素质，进而提高全民族体质，具有特别重要的意义。高校体育教学是我国高校教育和体育教育的重要组成部分，在促进我国体育和教育事业发展、促进大学生健康全面发展方面发挥着重要作用。

运动训练的目的就是为了让运动员通过科学、合理的训练，有效地提高自己的运动水平及在比赛中取得良好的成绩。近年来，随着科学技术的不断进步与发展，提高运动训练的有效性对专业的运动员来讲是至关重要的。在训练时要把将运动员的最好状态发掘出来作为最终目的，还要把各个阶段的不同特性作为考虑因素，详细地计划出一个有针对性的训练模式，按照计划有原则、有步骤地进行训练，进而达到高质量、高效率的目标。

本书是高校体育方面的著作，首先概述了体育教学的相关内容，并分析了高校体育教育教学理论、高校体育教学模式，然后系统地梳理了运动训练的原理与方法、专项身体素质理论及训练方法，最后在体能训练的医务监督及高校体能训练的运动营养方面做出总结和探讨。

本书在撰写的过程中得到了同事的帮助，也参考了许多同行及相关领域专家的文献资料，在此表示衷心的感谢！由于作者水平有限，且时间较为仓促，书中难免有遗漏或不足之处，敬请广大读者和专家提出宝贵意见。

目　录

第一章　体育教学概述

第一节　体育教学基础知识

一、教学的概念

教学的突出特征在于它是一种特殊的教育活动。广义上讲，教学就是指教的人指导学的人以一定文化为对象进行学习的活动，教的人不仅指教师，还包括各种有关的教育者；学的人不仅指学生，还包括各种有关的学习者。狭义上讲，我们所说的教学就是学校教学，专指学校中教师引导学生一起进行的，以特定文化为对象的教与学相统一的活动。在范围上，教学是特指各级各类和各类形式学校中的教学，一般在家庭中和社会上不用“教学”而用“教育”；另外，教师在教学活动中的角色是组织引导者，而不是传统意义上的“主宰者”，这是当代的新观念；同时，教学既不仅仅是“教”又不仅仅是“学”，而是教与学的统一，教融于学中，学有教的组织引导。

因此，教学就是在教育目的的规范下，教师的教与学生的学共同组成的一种教育活动。通过教学，学生在教师有计划、有步骤的引导下，掌握系统的科学文化知识和技能，发展智力、体力，陶冶品德、美感，形成全面发展的个性。

二、教与学的关系

教与学作为两个不同的动词和动作即过程，作为两个不同的名词和与此有关的人的行为即活动。这两种活动是单独的、双边的，也是共同的、统一的。

教与学是两种活动、两种过程。教是教师的行为和动作。教的意义一般是指“讲授”“教授”“传授”，还可指教学。前者是一种较古老的教，后者是把教作为一种职业，教授学生的职业，没有把教和学分开，也可作为教授的代名词。

学是学生的行为和动作。学的意义是学习、模仿、掌握等。在教学活动中，教师、学生、教材及教学环境等因素之间交互作用与联系，构成了一系列错综复杂的教学关系，其中教与学的关系是教学活动中最根本的关系。在教学中首先要抓住这一根本关系，去研究教学的问题，揭示教学的规律。

教与学是两类不同的活动，这两种活动是单独的，分别由教师和学生进行。原则上是可以独立存在的，但实际上是分不开的。不能只强调“教师中心论”，也不能只看重“学生中心论”。

一方面，只教是不行的。因为教需要对象，没有对象的教是无意识的教，不可取。教学的形式大多是指课堂的教学，有意识的教，有意识的学；有教材的教，有教材的学；有计划的教，有计划的学。这是基本原则。这样，教学就是教师教、学生学，是双边活动。在某种意义上，也是共同的活动，就是大家在课堂上，为了一个共同的目标：学生的学习。人们发现不管有多少不同的教师，用什么不同的教法，总有一些学生学得不错，也总有那么几个学生是班级最后几名。人们还发现一个教师用一种方法使用同一本教材，有的学生一段时间学得很好，而另一段时间却恰恰相反。这说明一个问题，学生的重要性、学习的重要性，教授的辅助性和非决定性因素。

另一方面，片面地只强调学也是不科学的。“学生中心论”把“教室”变成了“学室”，把“教材”变成了“学本”等。总之，要把以教师为中心，变成以学生为中心。这种认识认为教师的主导作用和学生的主体作用是教学的一般原则，这无疑是一大进步。第一，认识到学生在教学中的作用；第二，认识到教与学不能互相代替，既不会以讲代学、以学代讲、以讲代练，也不会放任自流。然而当你考虑统一的问题，当你考虑在课堂上教学的时候，总感到意犹未尽，各自为战。

总之，教学就是教与学，不是只教，不是只学，更不是教+学，应该是教授和学习的统一体，是教师和学生的共同活动，这两种共同活动是建立在“教授主旨是促使学习的活动”和“教授的证据在于学习”的理论上。这既阐明了教与学的关系，又暗示了教与学的统一。

三、体育教学

体育教学论研究的对象是体育教学。体育教学与其他各科教学一样具有共同性，都是一种有目的、有计划、有组织地对学生传授知识和技能，发展智力和体力，培养品德和形成个性的教育过程。但体育教学又有其特殊性，它是实现学校体育目的任务的基本途径。今天，体育教学已不限于学校体育，它还兼及竞技运动和社会体育的教学，但学校体育的目的、任务主要是通过体育教学来实现的。因此，把体育教学定义为：在学校教育中，学生在教师有目的、有计划、有组织的指导下，积极主动地通过掌握技术和技能，增进身心健康，提高身体活动能力、自然和社会环境适应能力，培养良好的思想品德，促进个性发展的教育过程。

（一）体育教学的构成要素

从系统论的观点看，可以把体育教学过程当作一个整体系统来考察，即体育教学系统是一个多层次、多要素的复杂系统。所以，体育教学系统的要素即体育教学过程的要素。

体育教学过程的每一层次都包含着相同的要素，这些要素的整合就构成了完整、统一的教学过程。关于体育教学组成要素有三种不同的观点：

一是三要素说。该观点认为，体育教学系统是由体育教师、学生和体育教材三个基本要素构成的。二是四要素说。该观点认为，体育教学系统是由体育教师、学生、体育教学内容和体育教材手段四个要素构成的。三是五要素说。该观点认为，体育教学系统是由体育教师、学生、体育教材、体育教学方法和教学物质条件这五个要素构成的。

从以上几种观点可以看出，无论是哪种观点，有三个基本的要素是共同的，即体育教师、学生和体育教材。体育教学活动的主体是人，体育教学过程是教师与学生双边统一活动的过程，因此体育教师和学生是体育教学必不可少的两个基本要素。除此之外，它们共同的作用对象是体育教材。在这一教学过程中，教师是通过教材这一媒介与学生发生作用的。体育教学系统的构成性要素主要是体育教师、学生和体育教材。它们之间是相互联系、相互依存和相互作用的。

学生作为正在成长中的、学习中的主体是有千差万别的，由于体育教学中学生身体直接参与，学生在体育活动中表现出的差异更加明显与突出，更需要教师对学生的认识了解。每一位学生无论是在体形、体能和身体功能，还是情感、气质、性格、兴趣、爱好及个性等，由于遗传、家庭、学校和教育等方面的原因，都表现出明显的差异性。

体育教师在体育教学中担负着社会的使命——培养下一代。因此，无论从哪个角度讲，体育教师都是体育教学系统中起关键性作用的因素。体育教师的个性、能力、水平、事业心、责任感以及体育教师与学生的关系和教师在学生中的威信，都对体育教学的效果产生重要的影响。

体育教材指体育教师指导学生体育学习的一切教育材料，它是体育教学中师生相互作用的媒介，是体育教师要教，学生要学、练的对象。体育教材的选择与组织一方面要考虑社会发展的需要，尤其表现在社会发展对教育、学校体育目标的制约；另一方面，要考虑体育运动特点，要充分考虑学生对体育教材的理解、接受与喜爱的程度。体育教材的内容范围、难度等都直接影响着体育教学的成效，也直接影响着学生的身心发展。

（二）体育教学的规律

1. 要遵循与学生身心发展水平相适应的规律

教育和教学必须与学生身心发展水平相适应，这是一条基本规律，体育课也必须遵循这条规律。体育课要促进学生的一般发展和特殊发展，这就要求体育课的目标要定得适当，教学方法、手段等也要适当。要达到这点，就必须了解学生的现有发展水平，针对学生的“最近发展区”，促进其不断发展。

2. 要遵循学生生理的心理指标起伏变化规律

在体育课的教学活动过程中，学生生理和心理方面，都承受着不同强度和数量的负荷，引起一系列生理和心理指标的变化。由于在体育课的教学过程中，学生有各种不同的学习活动方式，如听讲、观察、进行身体练习、帮助同伴及休息，等等。这些方式的改变，对学生身心有着不同程度的影响，于是学生机体生理指标和心理指标的变化便易呈现出波浪形，这种高低起伏的变化是体育课教学特有的，是客观存在的，体育课的进行要遵循这个规律，保持合理的生理、心理起伏变化的节奏。

3. 要遵循感知、思维和实践结合规律

体育课上学生大部分时间是在从事身体练习，耳、眼和机体等感官直接感知动作，大脑积极思考如何行动，机体去协调做动作。其中，直接感知是基础，思维是核心，实践是归宿。这三个环节是紧密结合的，缺少哪一个都会影响体育课教学的效果。因此，这也是体育课必须遵循的。

4. 要遵循掌握体育知识技能螺旋式上升的规律

体育课教学要向学生传授有关的知识、技术和技能等。一种知识、技术和技能掌握以后，如果不及时强化，就会遗忘或消退。当前面传授的知识、技术、技能出现遗忘现象时，后面的体育课在教学时，应使前面学习的知识、技术、技能得到巩固、完善和提高。所以，学生掌握体育知识、技术、技能螺旋式上升，也是体育课教学应遵循的一条规律。

第二节　体育教学的目标与特点

一、体育教学目标及相关概念

（一）体育教学的条件关系

体育教育领域中，与体育教学目标相关的术语较多，如体育教学目标、体育教学任务等，因而人们容易混淆。那么，“体育教学目标”与相近的“体育教学目的”“体育教学任务”之间是什么样的关系呢？

1. 体育教学目的、体育教学目标、体育教学任务的含义

（1）体育教学的目的

体育教学的目的就是人们设立体育学科和实施体育教学的行为意图与初衷。体育教学目的也是贯穿整个体育教学的指导思想，是对体育教学提出的概括性的和总体性的要求，它把握着体育教学的进展方向。

（2）体育教学目标

体育教学目标是努力的方向和预期的成果，是“要在各个阶段达成什么和最后达到什么”的意思。由此而论，体育教学的目标是人们为达到体育教学的某个目的在行动过程中设立的各个阶段预期成果及最后的预期成果。

（3）体育教学任务

体育教学任务是受委派担负的工作或责任，即上位的人或事对下位的人或事提出的要求及布置的工作，是“要做什么”的意思。由此而论，体育教学任务是为了完成体育教学目的、实现体育教学目标所应该做和必须做的工作。

2. 体育教学目标、体育教学目的、体育教学任务三者之间的关系

体育教学目标、体育教学目的、体育教学任务三者之间应是如下的相互关系：

第一，各个阶段的体育教学目标的总和就是最终的体育教学目标。

第二，最终的体育教学目标是实现了体育教学目的的标志。

第三，体育教学任务是为实现体育教学目的和体育教学目标所应该做的实际工作和责任。

3. 教学目标与教学目的

人们往往把体育教学目的和体育教学目标混淆。在现代汉语中，“目的”的意思是“想要达到的境地或想要得到的结果”。从这一意义上，我们把“教学目的”理解为教学活动预期要达到的结果，它规定着教学活动的方向和标准要求。由于在汉语词汇中“目的”和“目标”并没有质的差别，因此，许多人

将教学目的和教学目标视为同一。

其实二者既有密切联系，又有明显区别。体育教学目标是体育教学目的的具体化，与体育教学目的在方向性质上是一致的，都是教学活动所要预期达到的结果。其区别：第一，体育教学目的与体育教学目标是一般与特殊的关系，体育教学目的是对体育教学活动的总要求，对体育教学活动具有普遍的指导意义，而体育教学目标是对体育教学的具体要求，只对特定阶段、特定范围内的教学活动有指导规范作用，如某一课时、某一单元的教学活动。第二，体育教学目的具有稳定性，而体育教学目标具有一定的灵活性，体育教学目的体现了社会的意志和客观要求，特别是体育教学目的是以指令性形式表现出来。而体育教学目标则较多地体现了体育教学活动的主体要求，有一定的自主性，体育教师可以根据教学的具体情况予以制定、调整，有一定的灵活性。

体育教学目标对整个体育教学活动起着统贯全局的作用。教学目标反映教育思想，也反映对教学规律、教学过程等客观性教学要求的看法。教学目标一经确定，便对其他主观性教学要求发生影响，即影响到教学内容、教学计划、教学方法、教学原则及其他种种教学行为。当然，人们从教学行为中获得的经验与体验又反过来使自己对教学目标进行再思索，或进一步加深对教学目标的理解或对教学目标做某种幅度的调整。

教学目标具有两个特征：一是可行性。说明目标的内容，即说明做什么和如何做。二是预期性。用特定的术语描述教学后学生应能做以前所不能做的事情，即教学后所要达到的结果的详细规格。

4. 教学目标与教学任务

体育教学任务是为了完成体育教学目的、实现体育教学目标所应该做的而且是必须做的工作。教学目标与教学任务虽然是同一个范畴，但又有区别。第一，教学任务是以教师为主体的，教学目标则是在一定教学时间内各种教学活动行为要达到的标准和境界。它是以教师为主导、学生为主体的。第二，教学任务是比较笼统的，分不出阶段和层次。教学目标的描述由于采取了具体的行为动词，因而对教学过程的阶段、深度和层次有明显的限定。第三，教学任务是教师对教学的期望，缺乏量和质的规定性，观察和测量都难以进行，其结果难以评价。教学目标则将教学任务具体化和量化，可观察、测量，或作为评价的依据。第四，教学任务一般为教师所掌握。教学目标师生都要明确和掌握，学生可以根据教学目标进行自我学习和自我检测，有利于提高学生学习的主动性和兴趣。

5. 体育教学目标

体育教学目标是依据体育教学目的而提出的预期成果。这个预期成果可分为阶段性成果和最终成果，阶段性成果是体育教学的阶段目标；阶段性成果的总和就是最终成果，即体育教学总目标。体育教学总目标是体育教学目的得以实现的标志。

（二）制定体育教学目标的依据

1. 对学生的研究

教育是一种改变人行为方式的过程。这个“行为”是从广义上说的，它既包括外显的行动，又包括思维和感情。从这个角度去认识体育教育时，体育课程目标就是体育教育寻求学生发生各种行为变化的代表。要使体育教育达到预定的目标，就必须对学生进行各方面的研究。

（1）学生身心发展的规律

体育课程的主体是学生，体育教育的工作要求、内容选择、安排和组织形式，以及教育、教学、训练方法手段等，都要以遵循学生身心发展的规律为前提。学生心理发展的主要特点，主要包括学生的认知发展、情感和意志发展、个性发展三方面；生理的主要特点包括身体的形态发育、机能发育和素质发展三方面。不同年龄的学生，其身心发展的特点是不一样的。体育教育工作必须结合学生身心发展特点来进行，才可能有针对性，这样才能达到预先设计的“目标”。

因此，学生身心的发展规律是确定体育课程目标的生理和心理依据，它反映学生身心发展的客观规律和作为体育课程主体的客观需要。只有充分认识学生身心发展的特点，所确定的体育课程目标才是科学的，并能指导实践，实现体育课程目标。

（2）学生全面发展需要

教学与发展的问题是教育学的核心问题之一，它同教育科学的一系列其他重大问题都有这样或那样的联系。客观真理和科学是现代课程的支柱和核心，对原理结论的被动接受与对科学真理的绝对服从导致了人们主体意识的减弱和人生目标的迷失，甚至出现了被书本知识主宰和控制的“异化”现象。很少有人去探寻课程实践中人性发展的内涵、精神提升的意蕴，也很少有人把课程与人的精神解放、生命历程联系起来。在这种情况下，提倡对人的主体与人生目标的哲学探讨，将会把课程研究提升到一个新的境界。因而，人的生命和发展都应该是课程研究和出发点，任何知识内容的安排都应以人的发展为依据、准绳。

“发展”主要是指人的发展。关于人的发展问题历来是哲学、心理学、社会学、人类学和教育学等众多学科关注的重要课题。教育学把人的发展看作是个体的人的天赋特性和后天获得的一切量变和质变的复杂过程，即由一个生物性的个体变成一个具有无限创造能力的社会成员，其中包括身体、智力、品德、审美和劳动技能等的形成和发展。

教育学中讨论的人的发展，既包括个体的自然发展，又包括个体的社会发展。人的自然发展和社会发展常常是密切关联的，是相辅相成的。这样的情况说它是自然发展也可以，说它是社会发展也可以。当然也有自然发展包含着一部分社会发展和社会发展包含着一部分自然发展的情况。从而可知，作为学生个体的发展，实质上是人的不同自然成长因素、社会因素和基于社会的教育过程综合作用的发展，这也说明了为什么每一个学生个体在同样的教育环境下会表现出不同的学习能力和发展水平。作为体育课程的主体——学生，无论是否接受了体育课程的教育，其都会在自然成长因素和社会因素的影响下成长和发展的。而体育课程的作用则是通过体育的手段引导、鼓励、教育使之能够更为健康地成长、发展，从而达到社会所需要的人才标准。由于体育课程所面临的任务是培养、塑造处于不断发展中的人，所以，应当说体育课程的主体是“发展人”。“教育是人类有意识地促进自身发展的实践。”也就是说，体育课程的根本任务是根据人的发展的概念中必然包括的生物因素和社会因素，来促进学生的健康发展。

既然人在生物因素和学校教育以外的社会因素下仍然可以得到发展，那么，围绕主体所进行的体育课程主要着眼于儿童、少年、青年，直至成年人的成长，即“发展人”。所以，在体育课程的任何阶段，当考虑其目标和计划时，都必须遵循人的发展基本规律来设计、制订并实施。无论是群体的人，还是个体的人，其发展的规律和状况都应该成为制订体育课程目标和计划的基本依据。

2. 对社会的研究

对社会的研究，主要是研究社会的需要，是指社会经济、政治、科学文化、生产力的发展水平对体育课程提出的要求。它集中体现社会在培养人的质量规格要求上。当今世界正处于激烈的国际竞争和新技术革命的挑战时代，世界范围的经济竞争、综合国力竞争，在很大程度上是科技和人才的竞争，归根到底是教育的竞争。我国现代化建设事业已经迈进了新的世纪，面对新的形势，我国体育课程要根据新形势对人才的要求，考虑我国对体育教育提供的必要条件、合格体育师资的数量与质量、场地、器材设备、工作经费等实际情况，制定出来的体育课程目标才是科学、合理的。

在对社会需求的研究中，不能忽略了社会文化传承的需要。文化的传承，不只是静态的积累、保留和传递，它应是选择性地汲取传统文化的精髓，转化为适合时代的有用东西，并传承下去。

教育是个人发展和社会生活延续的手段，就其本质而言，它乃是实现人类文化传承的最主要手段。自然，体育教育是体育文化传承的主要手段，而体育教育的核心就是体育课程。体育课程的文化传承功能主要体现在以下方面：首先，体育本身就是一个文化现象，学习体育就是接受体育文化熏陶。体育作为国际社会文化现象由来已久，现代体育的产生和发展与近代文化发展史息息相关。通过体育课程，就能够接触并认识一定的社会文化。其次，体育课程又是体育文化传承的媒介，学习体育就为传承体育文化提供了捷径。学习体育的一大好处就是能为学习者打开认识体育文化的大门。此外，体育课程本身的功能特点，有利于体育文化的传承。现代体育课程的结构丰富了体育文化的传承途径选择，体育的显露课程、隐蔽课程、社会课程与体育文化的传承互为补充。

3. 对学科的研究

学校课程毕竟是要传递通过其他社会经验难以获得的知识，而学科是知识的最主要的支柱。由于体育课程专家谙熟课程的基本概念、逻辑结构、探究方式、发展趋势，以及学科的一般功能及其相关学科的联系，所以，体育课程专家的建议是该课程目标的主要依据之一。

体育课程本身的功能是制定课程目标的重要信息，是课程内部特性的反映，是课程实施过程中，学生所要获得的体育教育的结果。到目前为止，体育课程的功能是多元化的：健身功能、教育功能、启智功能、情感发展功能、群育功能、美育功能、娱乐功能和竞技功能等。

由此可见，只有依据这些功能所确定的体育课程目标，才能充分发挥学校体育的作用，使目标的实现成为可能。

（三）体育课程目标的层次结构

体育课程的目标应该是什么呢？是促进学生的全面发展，是“增强体质”或是“促进健康”，还是学会某项运动技术。从这些目标当中可以看出，它们之间并不是处在同一层次上的。此外，对同一层次的目标而言，还存在着不同领域和水平的区分。课程目标是有层次结构的，不同的层次结构发挥着不同的功能。

1. 课程目标的纵向层次

根据目标的上下层次关系，可以依次将课程目标分为以下几种不同的层次：

（1）课程的总体目标——教育目标

所有课程的共同目标，即课程的总体目标。课程的总体目标的规定，反映特定社会对合格成员的基本要求，与该社会成员根本的价值观一致。

从国家或整个社会的角度来看，教育目标只能是总体性的、高度概括性的，而不可能是具体的、菜单式的。就课程编制而言，总体目标具有导向性，渗透在课程编制的各个方面，可运用于所有的课程实践。例如在考虑课程的宏观结构时，必须服从教育目标的根本方向，在决定课程的具体内容时，必须保证与教育目标要求符合，像义务教育阶段各门课程的设置，能否满足学生全面发展的要求。各门课程所选择和涉及的内容，是否与学生全面教育目标方向相一致，等等。当人们从总体上考虑和判断具体课程的意义和价值、课程结构的科学性、课程内容的合理性时，经常是以教育目标作为根本依据的。

（2）课程的总体目标的具体化——培养目标

课程的总体目标——教育目标，是整个国家各级各类学校必须遵循的统一的质量要求，各级各类学校根据国家的教育目标和自己学校的性质、任务对培养对象提出特定的要求，这就是人们平时所讲的培养目标，如基础教育、高等教育、职业教育等培养目标。培养目标是总体目标在各个教育阶段或不同类型学校中具体化的体现，两者没有实质性的区别。

尽管培养目标是教育目标的具体化，但仍然具有高度的概括性，如通常用发展学生文化、科学、技术的基础知识和基本技能等表述方式，并不涉及具体的学科领域，而只是对各个教育阶段和各级各类学校中的各种学科课程的编制提供相应的依据。同样，各个教育阶段和各级各类学校中体育课程也是根据培养目标而编制的。

（3）学科领域的课程目标

学科领域的课程目标实际上就是人们通常意义上所讲的课程目标，这一层次的目标适用于一定阶段的具体课程，要研究的体育课程的目标就是属于这一层次的。这个层次上的目标比培养目标更为具体，可以说是培养目标在特定课程领域的表现。学科领域的课程目标的确定首先要明确课程与上述教育目标、培养目标的衔接关系，以确保这些要求在课程中得到体现；其次，要在对学生的特点、社会的需求、学科的发展等各个方面进行深入研究的基础上，才有可能确定行之有效的学科领域课程目标。学科领域的课程目标有助于澄清课程编制者的意图，使各门课程不仅注意到学科的逻辑体系，而且还要关注教师的教与学生的学，关注到课程内容与社会需求的关系。体育课程的目标实际上就是结合体育学科本身的特点、教育目标、学校的培养目标、学生的特点及社会的需求而制定的。

（4）学科领域的课程目标的具体化——教学目标

尽管学科领域的课程目标有细化和可操作性的趋势，但仍然是总体性的或阶段性的一般目标；而作为短期的某一教学单元以至某一节体育课，又如何分析它的目标体系呢？这通常称为单元或课的教学目标。实际上它们是学科领域的课程目标的进一步具体化。课的教学目标又是单元教学目标的具体化，是最微观层次的课程目标。这一层次的目标通常分析到操作化的程度，它往往与具体的情景联系在一起，对体现较抽象的课程目标的结果给予明确的界定，引导教学的展开。

教学目标是一所学校在确定体育课程的实施方案并制订以单元为基础的全年教学计划以后，由任课教师制定的，它是教师制订单元计划和课时计划的根据。在过去，我国较为重视课时计划，并把一堂课看作是最基本的教学单位。其实一堂课是最基本的教学学位，却不一定是一个完整的基本教学单位，因为一堂课不能把一个教学系列完整地教给学生，有时只完成其中一部分。只有一个教学单元才能把一个完整的教学系列教给学生。因此，在改革的新形势下，应当更为重视单元计划的构建和单元目标的设计。

2. 课程目标的横向关系

课程目标的横向关系实质上反映了各种目标的区分及相互关系。“目标领域”是指预期学生学习之后所发生变化的内容领域。在教育目标这一层次上，我国通常用德、智、体或德、智、体、美、劳来划分目标领域。无论怎样划分目标领域，各领域对总的目标来说都应当具备逻辑的合理性，它们彼此之间在相互关系上虽然可能是并列和平行的，这样使得议程目标更加具体、清楚和明确，但它们之间必须是个相互联系的整体，每个领域都不能脱离其他领域而单独实现课程目标。

二、体育教学目标与体育学科功能、价值的关系

（一）体育学科的多功能

功能取决于事物的性质和特点，同理，体育学科的功能来自体育学科自身所具有的性质和特点。由于体育学科的内容产生于不同的文化现象，如产生于军事中的体育活动、产生于民间娱乐中的体育活动、产生于教育中的体育活动、产生于养生保健中的体育活动、产生于竞争竞赛中的体育活动，等等。因此，体育学科具有了上述这些文化母体所带有的多样功能和特征。

（二）体育学科的价值

由于体育学科具有多样的功能和特征，使得体育学科具有了价值取向多样性。功能与价值有着非常密切的联系，但二者又不相同，功能是一个事物或物体固有的作用范畴，而价值则是利用者面对这个事物时的态度和选择，即价值取向。虽然体育学科的功能是相对稳定的，但在不同的历史背景下和不同的国度中，体育学科的各个功能被不同程度地加以利用，体育学科被赋予各种各样的价值，此时，体育学科有些功能可能被忽视，这方面的价值也难以实现。

当然，人们在注重追求某种体育功能并努力实现某种体育价值时，也并不是绝对单一的，在多数情况下，人们是同时追求几种体育的功能，注重实现体育的多种价值，只不过是更注重、更强调某个功能而已。

（三）体育教学目标、体育学科的功能及价值之间的关系

功能、价值和目标的意义各不相同。功能是一个事物固有的、客观的属性；而价值是外赋的、主观的属性；目标则是根据功能进行价值取向后的行为效果指向。

功能是事物固有的和客观的属性，而价值是外赋的和主观的属性，也就是说，一个事物即使具有这个功能，但人们如果没有看上这个功能，也不会把这个功能的实现作为目标；相反，一个事物不具有这个功能，即使人们非常希望通过这个事物实现这个功能，也是无济于事的。所以，不能将功能简单地等同

于目标，也不能将价值简单地等同于目标。虽然认识到了体育的多种功能，但也不能将这些功能都不加分析地作为体育学科的目标。

体育学科的功能不会有大的改变，但不同的社会和不同的历史阶段会有不同的体育价值取向，因此体育教学的目标会随着社会的变化与发展发生相应的变化。

三、合理制定体育教学目标的意义

根据以上的分析可以看出：合理地制定体育教学目标对于体现体育学科的功能，完成人们对体育学科的价值期待是非常重要的。合理制定体育教学目标的意义主要体现在以下几方面：

（一）充分发挥体育学科教学的功能

只有合理地制定了体育教学目标，才能明确要实现哪些体育教学的功能，如健身的目标可以帮助实现体育教学的健身功能；愉悦身心的目标可以帮助实现体育教学的满足乐趣功能；传授技术的目标可以帮助实现体育教学的授业功能，等等。如果乱定体育教学目标就不能充分发挥体育教学的功能，如有些老师不适当地制定了“研究”和“创造”的体育教学目标，使目标偏离了体育教学的基本功能，因此也就无法发挥好体育教学的主要功能，使得这些体育课上得空洞而虚假，体育教学的质量大为下降。

（二）保障实现体育的教学目的

只有合理地制定了体育教学目标，才能稳妥地实现体育教学的目的。如前所述，体育教学目标是体育教学目的实现的标志，如使学生的体格强健是健身目的的标志；使学生每个单元每节课都能愉悦身心是促进学生运动参与的标志；让学生在本学段学好一项有用的运动技能是促进学生体育实践能力形成的标志，等等。如果总的体育教学目标不是体育教学目的的标志，那么就意味着体育教学目的（意图）没有实现。例如，针对高中阶段“培养学生锻炼身体的能力”的目的制定的教学目标却是“发展学生的身体素质，让全体学生都达标”

就很不恰当，因为“培养学生锻炼身体的能力”必须是“掌握锻炼身体的方法”的目标，“全体学生都达标”不能代表“学生锻炼身体的能力的形成”，因此这是个不当的目标，当然也就无助于体育目的的实现了。

（三）确保层层目标衔接，最终实现总目标

如果制定好了每一个阶段的体育教学目标，就可以保证阶段体育教学目标的总和等于总的体育教学目标，那么就意味着总的教学目标可以顺利完成；反之，如果错定了阶段体育教学目标，就使得阶段体育教学目标的总和不能等于总的体育教学目标，那么就意味着总的教学目标没有完成。因此，正确地制定好各个层次的教学目标，层层目标衔接，是最终实现总目标的可靠保证。

（四）明确和落实体育的教学任务

体育教学目标决定着具体的体育教学任务。目标是标志，没有标志就没有方向，但只有标志没有具体的行动，标志也是没有意义的。因此，要有具体的体育教学任务来支撑目标的实现。体育教学任务要以体育教学目标为依据，好的目标有助于明确教学任务，体育教学目标是“的”，体育教学任务是“矢”，有了明确的目标，教学的任务才能“有的放矢”，切实有效。

（五）规约了体育教学过程

体育教学目标不仅在方向上对体育教学起着指导作用，而且在具体的步骤和方法上也具有规约的作用。体育教学要取得怎样的结果；要先达到怎样的结果，再达到怎样的结果；它们之间是怎样的逻辑关系……这些都要靠制定阶段的体育教学目标来明确。体育教学目标预先规定了体育教学的大致进程，体育教学的展开过程就是体育教学目标得以实现的过程。因此，清晰的体育教学目标有利于体育教师对教学活动的控制，有利于提高体育教学设计的预见性和科学性。

（六）指引、激励教师的教与学生的学

目标反映了人的愿望和努力方向。当明确的目标意识延伸到人的行为领域，

并同行为相联系的时候，则形成动机和动力源泉。虽然体育教学目标并不完全是由任课教师和上课学生群体制定的，但合理的体育教学目标必定充分反映着教师的努力方向和学生的学习愿望。因此，科学合理的体育教学目标必定可以指引教师的工作，必定可以激励学生学习。体育教学目标为教师指明了体育教学工作的预期成果，使他们清楚地知道自己工作的努力方向。体育教学目标的不断实现还会使教师受到鼓舞，实现过程中的困难也会促使教师去发现和解决问题，所以明确具体而切实可行的教学目标，可以指引教师努力地工作；同理，体育教学目标也为学生的体育学习提供了努力的方向，使他们清楚地知道自己与预定目标之间的差距，学习目标的不断实现会使学生受到鼓舞，实现过程中的困难也会使学生受到鞭策。所以，明确具体而切实可行的教学目标可以激励学生努力地学习。

（七）形成检验教学成果的标准

体育教学目标是到达点，是标志，因此其本身就是很鲜明的和可判断的标准，阶段性目标的达成与否是在教学过程中进行体育教学质量评价的标准；而总目标的达成与否就是在教学过程终结时进行体育教学质量评价的标准。从这一点上讲，体育教学目的和体育教学任务都少有标准的性质，因此难以用来作为检验体育教学成果的标准。

同任何事物一样，体育教学目标也有着自己的结构，体育教学目标的结构是由体育教学目标的外部特征和内部要素共同构成的。

四、体育教学目标的外部特征

体育教学目标的外部特征是：属于体育教学目标内容以外的，但对体育教学目标内容具有规定性的那些特点及其标志。体育教学目标的外部特征主要有目标的层次、目标的功能与特性、目标的着眼点和目标登载的文件。

（一）体育教学目标的功能与特性

体育教学目标的功能与特性，是指各个层次的体育教学目标都有其独特的

“功能”和“特性”，就是“为什么要有这层目标”“这层目标是干什么的”等层次目标的必要性和不可替代性。如果不明确各层目标的功能与特性，这层目标就会与其他层目标相混淆，那么该如何考虑、如何制定、如何表述这个目标也就不清楚了。也可以把“目标的功能与特性”理解为“目标的定位”或“目标的个性”。

（二）体育教学目标的着眼点

各层体育教学目标有着各自要解决的问题，因此各层的目标就有自己的“着眼点”，就是“围绕着什么来看目标”和“围绕着什么来写目标”的视角。例如，学段体育教学目标就是围绕着“本学段学生的身心发展特点”；单元体育教学目标就是围绕着“运动技能学习”，两者在这里是不能互换和颠倒的。因为，学段体育教学目标的实现涉及许多的运动教材，因此不可能围绕某一个运动技能来写，它的着眼点是“在这个发展阶段学生需要什么，能发展什么”；同理，单元体育教学目标是学段目标的下位目标，它也不可能围绕学段的发展来写目标，而它的着眼点是“在这个单元中，利用这个运动教材应该发展学生什么，能发展学生什么”。因此，体育教学目标的“着眼点”也是形象地辨别体育教学目标功能的“观察点”。

五、体育教学目标的内部要素

体育教学目标还有它内部的要素。例如，在体育教学目标中写了“学习单手投篮”，这是一个不合格和不完整的体育教学目标，因为这个目标不具体，也无法用它来检验目标是否实现。如果制定“学习单手投篮”这个目标，只能根据它来判断学生“是否学习了单手投篮”和教师“是否教了单手投篮”，换句话说，只要教师教了、学生学了单手投篮，这个目标就算是达成了，但学了几次，学生学会了没有，都不在这个目标范围之内，因此说这样的目标是“管教不管会”的，是不完整的，也是不能指导体育教学实践的。

（一）条件

条件是决定目标难度的因素。在规定目标难度和学习进度时，可以利用目标中的条件因素来进行变化，如同样是排球的垫球，可以根据条件的变化来改变教学目标的达成难度。例如，条件 A：自己抛球后，将球垫起。条件 B：接垫同伴在 3 米外柔和的抛球。条件 C：接垫同伴隔网抛来的球。条件 D：接垫同伴隔网发过来的球。

（二）标准

标准也是改变目标难度的一个因素，同样是“接垫同伴隔网发过来的球”，就可以通过改变标准来调整目标的难度。例如，标准 A：垫出的球要达到 2 米的高度，并落到本方场地中。标准 B：垫出的球要达到 3 米的高度，并落到本方场地的前半场。标准 C：垫出的球要达到 4.5 米的高度，并落到本方场地的前左方规定的范围内。

（三）课题

课题可以通过改变动作形式来改变目标的难度，如体操中的平衡运动的课题。课题 A：手放在什么位置都可以，做 10 秒钟的单脚站立。课题 B：手在体前相握，抱膝盖，做 10 秒钟的单脚站立。课题 C：闭眼做 10 秒钟单脚站立。课题 D：闭眼并手在体前相握，做 10 秒钟的单脚站立。知识和原理理解方面的目标也是如此。

六、体育教学的特点

（一）身心合一的健身统一性

体育对人自身自然的改造，不仅是形态结构与生理机能的统一，也是身与心的统一。体育教学要在追求学生身体改造的同时，注重学生无形的心理发展。因此，体育教学要善于营造不同于智育教学的、生动活泼的教学气氛，为学生的心理健康发展提供良好的环境。要善于利用体育活动自身所蕴含的吸引力，并通过合理的教学组织，使这种吸引力倍增和放大。体育教学应该是一种快乐的教学，重过程的主动参与，重情绪的积极体验，重个性的独立解放，使人际关系宽松和谐，使学生在轻松愉快的环境中，在欢快愉悦的心境下，自由自在、无忧无虑、不知不觉地获得身心的健康发展。

体育教学中身心合一的健身统一性体现于三方面：

第一，在体育教学中选择教材时不仅要注重教材对学生身体各部分、各种运动能力和各种身体素质的积极影响，而且要注重教材对学生心理的影响，尽可能从心理学、美学和社会学方面使学生得到良好的体验，在完成动作的过程中，不知不觉地感受协调、默契、流畅和成功的欢喜与愉悦。

第二，体育教学的组织教法必须克服一体化的固定模式，体现体育教学生动活泼的教学形式，让学生活动得更自由、更自在、更开心、更充分，从而达到身心和谐和内外兼修的目标。

第三，在注重学生生理负荷起伏变化的同时，还要注重心理活动起伏变化的规律。在体育教学中，学生的身心同时参加活动。在反复的动作和休息交替的过程中，学生的生理机能变化有一般的规律：当进行练习时，生理机能开始变化，生理机能水平开始上升；达到一定水平后，保持一定时间，然后再开始下降。在一定范围内，由于练习与休息进行合理的交替，所以学生的生理机能变化呈现一种波浪式的曲线。与此相适应，学生的心理活动也呈现出高低起伏的曲线图像。这种生理、心理负荷波浪式的曲线变化规律，体现了体育教学鲜明的节奏性和身心的和谐、统一。

（二）体育教学过程的教育性

“教学过程永远具有教育性”，这是任何教学过程的一条基本规律。古今中外的体育教学，概莫能外。体育教学的教育性主要体现在两方面：

第一，在体育教学中组织每一项活动，均有一定的目的任务、组织原则、规则要求、需要学习和掌握相应的动作技术，以及克服各种各样的困难等，这些是构成体育环境的基本因素。学生在这一环境中进行学习、锻炼或参加比赛，就会受到直接的影响。同时，体育环境还包括教师使用的教材、采用的教学方法、教学环境、教学条件、学校传统和班级风气等，这些都会有力地吸引、潜移默化地熏陶感染和教育与之有关的人；提供了许多学生乐于自愿接受，更多情况下是不知不觉接受的、有利于个性品质形成的机会和情景，并可促进良好的思想品德和个性品质迁移到学习、生活和工作等各个方面去，以收体育之效。

第二，在体育教学中，学生的思想感情和作风，很容易自然地表现出来。这有利于教育者把握学生的思想实际和特点，从而对他们进行有针对性的教育。体育教学中，进行思想品德教育的内容是极其丰富的，概括地说，主要包括：培养热爱集体的情感和意识，培养团结友爱、关心他人、互助合作的思想和意识，培养竞争意识、胜不骄败不馁的精神，培养坚忍不拔、勇敢顽强、机智果断等优良意志品质，以及心情开朗和愉快活泼的良好性格。

（三）教学目标的多元性

体育教学目标既有强身健体、提高运动技能的目标，又有调节情感、提高心理素质的目标，也有促进交往，建立和谐关系，规范运动行为，促进社会化等目标。

（四）授课活动的复杂性

为提高教学的有效性，体育教师课堂教学特点非常突出。不仅需要组织有序得当，还需要调控学生的运动负荷；不仅需要言传指导，还需要动作示范；不仅需要具备一定的教学素养，还需要掌握运动技能。体育教师的教授不仅是体力活动，也是智力活动。体育教师不仅是知识技术的传授者，也是活动的组织者。由此可见，体育授课活动不是看着那样简单，其较理论学科的授课活动要复杂。

（五）内容编制的制约性

体育教学内容不仅包括体育理论知识内容，还有身体锻炼内容和体育运动项目内容，各部分内容在教学中所占比重的多少，都将受到体育教学目标和教学时间制约。另外，虽然体育教学内容中有些运动内容之间逻辑性不是很强，但这些内容也不能随意编制，不仅要考虑内容的功能与价值，还要考虑学生的身心特点，要切合当地和本校的实际情况。

（六）环境管理的重要性

体育教学大都在室外或体育场馆里进行，这些场地环境受外围影响比较大，特别是户外，还受季节和气候的影响。另外，学生在体育活动中流动性的特点，也使开放性的教学环境的管理更加复杂。教学的安全性、健康性、有效性等都要求重视教学环境的管理。

第三节　体育教学的任务与原则

一、体育教学的任务

（一）学习掌握体育的基础知识

使学生理解体育的目的任务和体育在教育中的地位和作用；学会基本实用的身体锻炼的技能和运用技术；使学生掌握与了解身体锻炼的基本原理和科学锻炼身体的方法，以适应终身锻炼身体的需要。

（二）发展学生良好的思想品德

培养学生勇敢顽强和富于创造的精神，遵守纪律，团结协作和朝气蓬勃的体育道德作风；因势利导，全面地发展学生适应于社会和生活需要的个性；提高对体育的认识，培养经常参加身体锻炼的兴趣和习惯；陶冶美的情操。

（三）全面发展学生的身体

根据学生的年龄特点，有计划地进行各项内容的体育教学，以促进学生身体的正常生长发育和生理功能的发展。

上述三项体育教学任务是互相联系的统一的整体，它是通过体育的实践活动和理论讲授完成的。这三项体育教学任务，必须协调一致，全面贯彻，不可偏废。但在具体教学中，根据课程的具体任务、教学要求和教材特点，而有所侧重，也是理所当然的。

二、体育教学的任务完成

要想在课堂上圆满地完成体育课的任务目的，用传统的教学方式很难达到教学大纲和教材对学生的要求。从时间上说，看一堂课学生锻炼和掌握动作质量的好坏，密度是关键的一环。如果将大量的知识技术传授给学生，而学生没有足够的时间去消化和掌握，那就很难使所传授的知识和技术转换成有效的课堂质量。由于动作的难度与动作的特殊性，以及教师对动作、体态、语言表达的差异，使得教师在教某些动作时，很难使学生通过视觉、听觉准确而完整地了解动作的全过程，给课堂教学带来了一定的困难。

在语言与动作的结合方面，体育课上有很多动作往往是教师一边做一边进行解说。这对于慢做和那些可以分解的动作来说还是能够办到的，但对那些只能在快速而连贯的情况下才能完成的动作，就很难做到两全其美了。

因为场地、队形、视角、环境等问题，教师在某一动作时，就要在不同的地点、方向上反复多次地进行示范讲解，才能使所有的学生都能看清和听清动作的做法和要领。这就在无形中浪费了时间，加大了教师的工作量，减少了学生练习的时间。

为了解决体育课中存在的上述问题，很多体育老师都总结出了许多有效的方法。随着电化教学在各学科中的运用与推广，电化教学也以它快速省时、生动直观、图文并茂、信息量大、容易接受的特点为体育教师所采用。在室内理论课中，电化教学一改过去那种教师在上边讲、学生在下边听的常规惯例，利用幻灯、投影、录像等电教手段将学生紧紧地吸引到了教材之中。在课堂上教师在连贯动作示范中无法做出停顿的一些动作，通过画面的定格处理，教师就可以很自然地加以解说。利用字幕和解说也可节省大量的板书和阅读时间，提高授课质量。

在新授课上采用电化教学，可以提高学生的学习积极性，集中学生的注意力，便于教师对学生的组织与管理。由于电化教学内容是事先制作好的，也就不会再出现教师在做示范动作时的失败和重复讲要领做动作的现象。学生可以在最短的时间里就看到最标准最完整的技术动作，听到最简练的技术要领，建立起真实、完整、逼真、系统的表象认识过程，使学生减少和不产生错误的动力定形。

复习课是学生对已学过的动作进行练习改进和巩固掌握。在复习课上使用电教手段可以加深学生对技术动作的认识理解，将感性认识上升到理性认识的高度。既可以将所学过的动作逐一定格让学生对照动作进行有针对性的练习，也可以放录音或录像让学生集体进行复习练习。这样不但巩固了所学的知识，而且培养了学生协同一致的良好习惯，对发扬集体主义精神也能起到好的作用。

如果在上综合课时用“分组轮换”的形式进行组织教学，教师就可以集中精力辅导新授教材的一组，而进行复习的一组可以在电化教学的情景中进行自我学习。当教学中因动作本身的难度，教师无法亲身去做示范，学生对动作的方位距离、运动轨迹等空间概念产生疑问时，使用电教手段可以轻松地解决这一难题。如在跳跃练习中起跳后的腾空动作，电影、录像、幻灯都可以在不改变动作技术的情况下，运用慢放或定格的手法，将动作清晰地展现在学生面前，为教师在课堂上讲解动作重点、难点，提供了行之有效的手段。运用电化教学可以帮助教师整理数据资料。总之，要想使电化教学在体育课上运用得好、收效大，就需要做好以下几点：

第一，要根据教学内容、学生情况、课的类型、授课环境、场地器材、组织形式、教学程序、时间分配等条件，来选择电教设备、教学手段等。

第二，必须熟悉电教设备的性能、使用方法及实际操作，以确定选择内容和使用的具体时间。

第三，在备课时要将传统教法与电教手段相结合一同备入教案，要培养几名能够操作电教设备的学生做助手，以便在课堂上进行分组轮换时，学生能自己组织练习。

第四，课前要教育学生爱护公共财物，爱护电教设备，遵守纪律，保证课堂秩序。

第五，要充分利用电化教学的声响、画面、解说等手段对学生进行思想品德方面的教育，提高学生积极性，培养良好的自我锻炼习惯，使学生得到全面发展。

三、体育教学的原则

（一）体育教学原则的概念

“原则”一词，在汉语中通常指“观察问题、处理问题的准绳”。在教学论中，通常把教学原则定义为对教学的基本要求和指导原理。教学原则对整个教学过程都起着指导作用：第一，教学原则是指导教学活动的出发点，教师要根据教学原则来设计整个教学过程；第二，教学原则是实施教学的总调节器，在整个教学进程中，教师要以教学原则来调节、控制教学活动；第三，教学原则是判断教学质量的基本标准。教学质量的高低，从根本上来说，就看教学原则贯彻得如何。因此，每个教师和教学管理者都必须掌握教学论所确定的一系列教学原则。

基于以上对教学原则的分析，体育教学原则是实施体育教学最基本的要求，是保持体育教学性质的最基本因素，是判断体育教学质量的基本标准。

（二）体育教学原则提出的依据

1. 哲学依据

这是最重要的依据。从所应遵循的哲学思想来说，最基本的是两条：一是唯物论，二是辩证法。

违反辩证唯物论，主观主义地杜撰出一些“原则”来的事物是不难看到的，硬要把某些只能在局部地方起作用的东西夸大为在任何地方起作用肯定行不通。

对事物的基本关系的分析，具体问题具体分析，这是辩证法的重要内容，也是避免片面性的重要方法，但片面性却常见，例如，直观性原则就是一条有片面性的原则。尽管直观在认识中有重要的作用，而且在教学活动中应当自觉地运用直观，但是，直观只能在有利于认识的启动和深入时才使用，不能为直观而直观。直观适用的范围并不是普遍的，大量的概念、原理是不可能借助直观手段的，“道德”这个概念你怎么去直观地解释？“是一个无理数”这个原理你怎么去直观地说明？这里的片面性也就说明了两点：第一，直观手段的普遍性有限；第二，直观与认识的关系，直观与抽象的关系，这是更重要的方面，但未涉及或未弄清楚。

2. 教育理论依据

按照整个教育科学领域的理论层次来说，应当是这样的。教育理论，从大的方面来说，有教育本质论、教育目的论、教育价值论、教育规律论、教师论、学生论、德育论、智育论、美育论、教学论及德育体制与教育管理理论等许多方面。

教育目的论、教育价值论所要涉及的人的发展理论无疑对教学原则有重大影响。关于人的全面发展的目标是最基本的，教学应当体现教育目的是这一目标最重要的内容，这一点应为教学原则的制定所充分考虑，然而，传统的教学原则研究对此是比较忽略的。凯洛夫教学原则体系的重大缺陷之一亦在此，他提到的自觉性原则只是附带地涉及教学的教育目的。课程论、教师论、学习论，这些也是对教学原则制定有影响的。教学中的几个基本要素——教师、学生、教材，它们的相互关系及其正确处理是教学原则所应当回答的问题。传统的教学原则研究一般只从教师的角度讲，尽管教学原则必然主要为教师所掌握和运用，但应涉及教学中几个基本要素的关系。对于教材，系统性原则对之给予了部分的注意，特别给予注意的是结构原则。

（三）体育教学原则的作用

体育教学原则是体育教学过程中必须遵守的准则或标准。作为体育教学工作的指导原理和基本要求，体育教学原则对体育教学工作具有指导作用。在体育教学过程中，体育教学原则既是出发点，又是调节中枢。它在一定程度上具体决定着教学内容的安排、教学方法的选择和教学组织形式的运用。学习和掌握体育教学原则，能按照体育教学的客观规律组织教学活动，正确解决教学内容、教学方法和教学组织形式等一系列理论与实践问题；遵循体育教学原则进行体育教学，就能提高体育教学质量，反之，违背了教学原则，就会降低教学效果，甚至劳而无功。

体育教学原则作用的发挥，不是某个原则所能单独完成的，而是需要一个完整的体育教学原则体系以发挥整体功能。所谓教学原则体系就是指：反映教学规律的多个原则之间不是孤立分散的原理，而是有机地相互联系的组合。只有建立一个科学完整的体育教学原则体系，才能发挥体育教学原则对整个体育教学过程的指导作用。由于人们对体育教学规律认识的角度不同，在构建体育教学原则体系的过程中，有的从社会学的角度出发，有的侧重教育学，有的偏重心理学等。就如何建立一个完整的体育教学原则体系，目前的体育教育理论界认识尚不一致。

（四）体育教学原则

1. 自觉积极性原则

自觉积极性原则是指在教师主导下，充分调动学生学习的自觉积极性，发挥学生的主体作用，培养学生学习的主动性和创造性，把认真完成学习任务，变成自觉的行动。

确定自觉积极性原则的依据，这一原则所指的是，在教师主导下学生的自觉积极性。它是由教师的教与学生的学的双边活动过程的教学规律决定的。师生关系是体育教学过程中的一对基本矛盾，矛盾的主导方面是教师。因为教师是教育者，他们掌握着比较丰富的体育知识、技术和经验，能满足教好学生的需要。在实施教学计划过程中，教师的教起着主导作用，它不仅表现在对计划的制订和执行上，而且还表现在对教学过程的调节和控制上。学生是教学的对象，是知识、技术的接受者，是学习的主体。但是，学生学习的自觉积极性不完全是自发的，还取决于教师的指导、传授、调节和控制。反过来，学生有了学习和练习的自觉积极性，又能主动地自我调节和控制，并与教师的调节和控制协调一致，才能保证预定教学目标的实现。所以，在体育教学过程中要把教师的主导作用与调动学生学习的自觉积极性很好地结合起来，这是提高教学质量的根本条件。贯彻和运用自觉积极原则的基本要求如下：

（1）了解和熟悉学生

教师必须了解和熟悉所教学生的特点和概况。要了解他们爱好什么、需要什么、擅长什么、有什么困难和不足，等等。这是教师搞好体育教学工作的前提。但是，真正做到了解学生是很不容易的。教师对学生的了解要做到“知人知面又知心”，能够做到这一点，关键在于教师，因为教师是师生关系中的主导者，教师不主动去了解和熟悉学生、关心学生，学生就不可能产生对教师的信赖，当然也就谈不上“知心”。只有做到“知人”“知面”“知心”，才会有调动学生自觉积极性的基础。

（2）发挥教师的主导作用

学生的自觉积极性不完全是自发的，还必须通过一系列细致工作才能充分调动起来。所以，要调动学生的积极性，必须发挥教师的主导作用。教师的主导作用，不仅表现在教学中，如教师通过讲解、示范、组织教学等手段，把学生引导到所教的内容上来，更重要的应该是给学生提供和创造一种良好的条件，使外因能顺利而迅速地转化为内因，从而调动学生的自觉积极性。

（3）建立民主平等、情感融洽的师生关系

体育教学过程中，教师要为人师表、教书育人，既要严格要求学生，又要满腔热情地关心与信任学生，使师生关系融洽和谐。感情息息相通。这种良好的人际关系，有利于学生主动地参加到体育教学中去。

（4）注意培养学生学习的内在动力

学生学习的内在动力，是鼓舞和推动学生的内驱力。教师应不断提高教学的艺术性和启发性，培养学生正确的学习动机和兴趣。动机是一切行为的前提，是推动学生学习、锻炼的心理依据。只有使学生形成了正确的学习动机，才能发挥学生的主体作用。

（5）培养学生自学、自练和自评的能力

自学、自练和自评的能力是养成学生经常参加体育锻炼习惯、培养终身体育锻炼意识的重要基础。在教师主导作用的前提下，要为学生自学、自练和自评能力的培养与发展，创设一个良好的外部环境，放手让学生独立自主、生动活泼、主动地学习与锻炼。

2. 直观性原则

直观性原则是指在体育教学中，要充分利用各种直观方式和学生已有的经验，通过学生的各种感觉器官去感知事物，培养学生的观察能力和积极思维的能力，使学生获得直接经验和感性认识，为掌握体育知识、技术和技能奠定基础。

确定直观性原则的依据是辩证唯物主义的认识规律。从生动的直观到抽象的思维，并从抽象的思维到实践，这就是认识规律、认识客观实际的辩证途径。任何知识的来源，都在于人的肉体感官对客观外界的感觉。在体育教学中，学生掌握体育的知识、技术和技能，也是从建立感性认识开始的。首先，必须使学生感知所学的动作，在感知的基础上建立起完整的、正确的动作形象和概念，从而为学生掌握体育的知识技术奠定基础。贯彻和运用直观性原则的基本要求如下：

（1）综合运用身体的各种感觉器官，感知体育教材，扩大直观效果

在体育教学中除通过视觉、听觉来感知动作的形象、结构和要领外，还要通过触觉和肌肉的本体感觉来感知完成动作时肌肉用力的程度、方法，以及空间与时间的关系等，以扩大直观教学的效果。

（2）充分发挥教师本身对学生的直观作用

教师自身的一切活动，都是学生观察的目标，特别是教师的动作示范、语言表达等都是学生获得生动直观的主要来源。学生模仿能力很强，所以，要求教师必须加强自身修养，提高体育理论和运动技术水平，重视动作技术示范的准确性和规范性。

（3）充分运用多种直观教具和手段

要借助于多种教学媒介和各种现代化教学手段，如模型、图片、幻灯、录像、录音、电影等，以发挥直观教学的作用。

（4）善于引导学生观察和激发学生积极思维的能力

直观性是通过学生直接观察运动动作的形象来实现的。学生在教师的指导

下，通过分析、比较弄清正在学习的与已学过的身体练习有何联系。辨别运动动作的技术结构，找出动作技术的关键，明确正确动作与错误动作的界限，从而形成运动动作的正确表象。同时还要防止一般化的观察和单纯的模仿。

此外，选择运用好各种直观位置和把握使用时机，也将会取得良好的直观效果。

3. 因材施教原则

因材施教原则是指体育教师在教学中，既要面向全体学生，提出统一要求；又要根据不同班级和学生的个体差异区别对待，把集体教学和个别指导结合起来，使每个学生的才能和特长都能得到充分发展。

确定因材施教原则的依据是学生身心发展的客观规律及个体发展不平衡性。同一年级和年龄组的学生，他们的身心发展规律具有共同点，因而体育教学可以对他们提出统一的规格和要求。同时，同一年级和年龄组的学生身心发展又存在着个体差异的发展不平衡性，如他们在身体形态、身体素质、运动能力、兴趣爱好、运动项目专长等方面都存有差异。这些不同点，又要求在统一的基础上，要注意区别对待、因材施教。贯彻和运用因材施教原则的基本要求如下：

（1）深入了解学生的一般情况和个体特点

这是进行因材施教的基础。教师要通过调查研究，全面了解班上学生的体育认识、兴趣爱好、思想品德、健康状况、体育基础、身体发展等多方面的情况。找出他们的共同点和差异，才能采取不同的方法，因材施教。

（2）面向全体，兼顾两头

教师要把主要精力放在提高学生的成绩上。在制订教学计划、确定教学的目标和要求时，应该是大多数学生经过努力可达到的。同时，还要兼顾两头，解决“吃不饱”和“吃不了”的矛盾。对个别身体素质好，有体育才能的学生，要为他们创造条件，让他们参加课余体育训练，为提高专项成绩打基础。对体弱和身体素质差的学生，要热情关心、耐心帮助，使他们在原有的基础上逐步提高水平，完成教学要求。

（3）从客观条件的实际出发

教学中贯彻因材施教原则，还必须考虑学校的客观条件。不同地区、季节、场地器材设备条件，都会对体育教学起制约作用。教师在制定教学目标时，除了考虑教材、学生的特点、组织教法外，还必须考虑上述各方面的客观条件，这样才能更好地因材施教。

4. 身体全面发展原则

身体全面发展原则是指在体育教学过程中，教材内容的选择和安排要全面多样，使学生身体的各个部位、器官、系统的机能，各种身体素质和基本活动能力，都得到全面发展。

在体育教学中选择多种多样的不同性质的教材，采用多种有效的教学手段，有利于学生身体的全面锻炼和身体各个器官系统的机能得到协调的发展，养成正确的身体姿势。而长时间进行单一的、局部的锻炼，就得不到理想的锻炼效果，有碍学生健康。人体是一个完整统一有机体。人体各器官系统的机能、各种身体素质和基本活动能力之间，都是相互联系、相互制约和相互促进的，某一方面的发展，会影响其他方面的发展与提高。因此只有以身体全面锻炼为基础，才能促进学生全面协调发展。贯彻和运用身体全面发展的基本要求如下：

（1）全面贯彻教学大纲（或课程标准）提出的目标和要求

认真学习和领会国家教委颁布的体育教学大纲（或课程标准）的精神，全面贯彻教学大纲所提出的目标和要求。制订全年教学工作计划和教学进度时，应注意各类教材和考核项目的合理搭配，保证学生身体的全面锻炼。

（2）身体全面发展的原则落实到课堂教学的全过程

课的准备部分，要全面多样；基本部分教材要进行科学、合理搭配，较理想的方案是，准备部分要以活动全身各部位肌肉、关节和韧带为主，使全身各部位充分伸展，为完成课的目标做准备；基本部分的教材，既有上肢为主的练习，又有下肢为主的练习，使学生身体得到全面、协调的锻炼和发展；课的结束部分，要做好放松活动，并布置课外体育作业，有组织地结束一节课。

（3）不断克服单纯从兴趣出发的倾向

体育教学中应激发学生的学习兴趣，使他们乐于上好体育课。古人说：“知之者不如好知者，好知者不如乐知者。”因此采用一系列手段和措施激发调动学生的学习兴趣是必要的。但是，要把激发学生的兴趣，与单纯从兴趣出发两者区别开来。所谓单纯从兴趣出发，就是以学生的兴趣为中心，甚至背离体育教学大纲和全面锻炼的原则，学生喜欢什么，教师就教什么、练什么，这种片面迁就学生兴趣的做法，长此以往，就会带来不良的后果。教师要善于引导，使学生对如何上好体育课和教师教学内容选择，有一个科学的、正确的认识。

5. 合理安排生理负荷和心理负荷原则

负荷包括生理负荷和心理负荷两个方面。合理安排生理负荷和心理负荷就是在体育教学中要使学生承受适当的生理负荷和心理负荷，并使练习与休息合理交替，以促进学生身心全面协调的发展。

确定合理安排负荷的依据：学生在体育教学中生理负荷和心理负荷变化的规律。从生理负荷变化的规律来看，人体功能的改善和提高，必须在适宜的生理负荷的刺激下才能实现。因此，在一定的限度内，生理负荷大，超量恢复的效果也就好，适应变化也加大；但如果生理刺激的强度过大，超过了一定限度，生理机能就会受到损害；而生理负荷刺激强度过小，对生理机能的发展也不会产生好的影响。

贯彻和运用合理安排负荷原则的基本要求如下：

（1）合理安排授课和复习课

学生的性别、年龄和健康状况不同，安排生理负荷时，要注意区别对待。不同性质的教材，应考虑它们对身体机能的不同作用和影响，做出科学安排。此外，学生的生活制度、营养条件和其他体力活动的负担、所在地区的气候因素及作业场所的环境条件等，在安排生理负荷时也应给予全面考虑。

（2）正确处理生理负荷的量和强度的关系

正确处理生理负荷的量和强度的关系，负荷量和负荷强度应互相配合，逐步增加。在体育教学中通常是先增加负荷量，待适应以后，再增加强度。在增加量时，强度宜适当下降。在强度再增加时，量则应适当减少，这样量和强度交替的增加和下降，密切配合，才能使学生承担负荷能力，逐步得到提高。

（3）正确处理生理负荷的表面数据和内部数据的关系

表面数据是指运动动作练习的量和强度。内部数据是指负荷量和强度所引起的一系列的生理、生化变化。生理负荷的表面数据与内部数据在通常的情况下是一致的。但因学生的体质强弱和身体训练水平不同，一定负荷的表面数据作用于不同的学生，可以产生不同的内部数据。因此，在分析生理负荷时，应把表面数据和内部数据结合起来，加以判断和评价。

（4）安排好心理负荷

安排心理负荷时，既要与教学进程相联系，又要与生理负荷相配合，使其高低起伏、节奏鲜明，起到相互调剂、相互补充的效果。

（5）科学地安排休息的方式和时间

根据生理负荷和心理负荷的特点，科学地安排休息的方式和时间，以达到理想的效果。

（6）做好生理和心理负荷的测量、统计和分析工作

在评价体育课的质量时，既要安排生理负荷的测量，又要安排心理负荷的测量，以便从生理和心理两方面进行全面的客观评价。

6. 循序渐进原则

循序渐进原则是指体育教学内容、教学方法和负荷的安排顺序，必须遵循系统性和连贯性的要求，符合学生的年龄、性别特征，使学生按照一定客观规律的顺序，逐步得到提高与发展。

循序渐进原则的依据：人们认识事物的规律、动作技能形成的规律和知识、技术的系统性和连贯性。在体育教学中，必须遵循由易到难、由简到繁、由已知到未知、逐步深化，才能使学生更好地掌握体育的知识、技术和技能。贯彻和运用循序渐进原则的基本要求如下：

（1）提高教师素养

教师要提高自己的文化素养，深刻了解学生身心发展的一般规律和特点，了解各项教材的系统性，以及各项教材之间的关系。

（2）制订好教学计划

制订切实可行的教学工作计划，保证教学工作系统连贯地进行。在制订教

学计划时，每个运动项目、每次课、每学期的内容和教法，都应前后衔接，逐步提高。

（3）安排好教学内容

在安排教学内容时，既要考虑该运动项目由易到难、由简到繁的顺序，又要考虑与其他运动项目之间的关系。先安排哪个项目，后安排哪个项目，要符合循序渐进的要求，使前一个项目的学习有利于后一个项目的学习。

（4）有节奏地逐步提高生理负荷

体育课中生理负荷的安排，应采取波浪式的有节奏地逐步提高。这是因为机体适应某种生理负荷需要有一定的时间。就一学年或一学期来说，应有节奏地交替进行不同负荷的体育课。本次课的生理负荷，应安排在前次课后的超量恢复水平上。但生理负荷总的趋势是逐步提高的。

7. 巩固提高原则

巩固提高原则是指在体育教学中，要使学生牢固地掌握所学的基础知识、基本技术和技能，不断地发展体能，增强体质，并逐步有所提高。

巩固提高原则的依据是运动条件反射建立与消退的生理规律。因为动作技术、技能的掌握、巩固和提高，是通过不断地反复练习而形成的。反复练习可以使运动条件反射不断地建立和巩固，并在大脑皮层建立动力定型。但是，动力定型建立以后，还要继续练习，不断强化，使动力定型更加巩固和完善，否则，已经形成的动力定型还会消退，从而影响教学效果。贯彻与运用巩固提高原则的基本要求如下：

（1）反复练习

组织学生进行反复、经常的练习，增加练习密度，反复强化，不断巩固运动条件反射，是贯彻巩固提高原则的基本方法。每次课都要使学生有足够的练习时间和重复次数。但是反复练习不是简单机械地重复，而是要在原有的基础上逐步提高要求，不断地消除动作的缺点和错误，使学生看到自己的进步，就能更好地激发起学生反复练习的自觉性，更有利于学生巩固和提高所学的知识、技术和技能。

（2）采用提问、测验、竞赛等多种方式

采用提问、测验、竞赛等多种方式，是贯彻巩固提高原则的有效手段。在运用这些手段时，要根据课的目标和要求进行。提问要有启发性。在某一阶段的教学告一段落时，可采取竞赛的手段，观察学生在复杂多变的竞赛条件下，运用所学的体育知识、技术、技能的熟练程度。

（3）改变练习条件

改变练习条件，对巩固提高体育基本技术、技能起到良好作用。改变练习条件包括场地、器材及动作结构、环境条件等，如平地跑改为斜坡跑、改变器械重量和动作组合等。

（4）课内外结合

教师在课堂教学的基础上，可以布置一定的课外体育作业或家庭体育作业，使课内外紧密结合，达到巩固提高的目的。

（5）培养进取动力

不断提出新的目标、培养学生的兴趣和进取动力。

以上体育教学原则是一个完整的体系，应相互联系、互相补充，在体育教学中全面正确地贯彻执行。体育教学原则是一个发展的范畴。但是在一定的时期内，又具有相对的稳定性。随着体育教学实践的发展、人们对体育教学规律认识的不断深化，体育教学原则也将得到不断充实和发展。

第二章　高校体育教育教学理论

第一节　高校体育课程教学理论概述

大学体育是学校体育的高级阶段，也是整个人生体育的中间环节，它对巩固和提高中小学阶段体育的成果，进一步培养独立锻炼的思想习惯和能力，奠定体育的终身价值是极其重要的。体育理论教学是集中进行体育基本知识教学和思想品德教育的重要形式。体育卫生知识教育，可以使学生学会讲究卫生和预防伤病的各种手段，学会健康地生活；体育和保健基本知识对提高学生锻炼身体的自觉性、指导科学地进行体育锻炼、培养终身体育的态度和能力，以及提高体育文化素养有着重要意义。

一、高校体育理论课教学中存在的主要问题

（一）传授的知识繁杂

高校体育理论传授的内容有体育的目的、任务、作用、要求，体育与德育、美育的关系，体育锻炼的知识及竞技运动项目技术分析、裁判法等，内容繁多。要在有限的 16 学时中讲完，教师在讲授这些知识时，只有蜻蜓点水，不能有效地把学生想了解的知识讲深讲透，导致学生对体育理论课缺乏兴趣。

（二）教学时间安排不合理

在没有能力解决风雨天上实践课的学校，为了避免学时的流失，把理论教

学安排在风雨天上，从表面上看这一安排较为合理，实质上是淡化理论课的具体表现。理论课与风雨天紧密联系一起，久而久之，产生遇到风雨天则上理论课，没有遇风雨天则不上理论课，或产生理论课可有可无的意识。同时，上理论课的随机性大，教师备课仓促，教学质量受到较大的影响，也导致学生学习动机的下降。重要的是如此排课，造成理论与实践的严重脱节，违背了理论与实践相结合的原理，不能达到理论指导实践的效果。

（三）体育理论教师人数少、专业搭配尚不合理

受传统思想的影响，我国体育理论方面的教师尤其是高等学历的教师一直不多，且专业也较少，甚至许多学校根本就没有专门从事体育理论教学的老师。在这种情况下，体育理论课教学的重担也就不得不落在术课教师的肩上。

古语云："术业有专攻。"作为不是专门从事理论课教学的体育教师，如果硬要他们教授理论课的确有些为难。换句话说，如果让他们讲一些本专项的技术，他们大都能讲得头头是道，学生也会听得津津有味，然而让他们走进教室给学生讲授那些连自己尚未进行过系统研究，甚至没有搞清楚的诸如生理、概论、心理健康、营养、保健等多学科的理论知识，恐怕就不那么轻松、熟练了。

当然，他们可以利用备课时间弥补上述缺陷，但在实际讲课过程中，因受其知识面及讲课水平（包括熟练限度）等的限制，大多数术科体育教师也只是照本宣科、依葫芦画瓢而已，致使其讲授的体育理论课既没有深度亦没有广度。当然学生也没有听课的积极性了。

（四）教学形式比较单调

长期以来，体育教师以上好实践课为本职，大部分时间和精力都用于研究技术与技术教学方法，很少接受主讲理论课的专门训练，也缺乏理论教学经验及理论课教学研究。在教学形式和手段上，虽有部分高校开始试行主讲教师上大课及任课教师上小课相结合的授课形式，并采用电化教学手段，但大多数高校的教学形式、手段还是与传统的一样，比较枯燥、单调，有较大的随意性。

（五）考试制度不规范

目前，我国普通高校体育理论课的考试方法主要有闭卷、开卷、完成作业和课堂提问四种方法。组织形式有年级统考和任课教师自行组织考查两种形式，考试内容由各校或任课教师自行命题。各校之间甚至同一学校、同一年级的不同班级之间的难度都存在着较大差异，其中难度最小的是课下写总结、体会，难度最大的是统一闭卷考试。考试的难度可大可小，考试的方法可严可松，可能使一些没有上理论课或不认真听讲的学生，比一些课堂上认真听讲和学到一些体育知识的学生的考试成绩高的“奇迹”发生，决定了考试成绩与教学质量不大相关。理论课考试制度的不规范化，不能准确反映学生接受体育理论知识教育的水平，从而造成学生对体育理论课的不重视。

（六）教材使用的随意性较大

一方面，学校在选择理论课教材内容时东拼西凑，而且过于主观。总认为所讲内容是学生希望知道的，也是学生应该知道的。他们把那些不系统的卫生、保健、营养等知识全部容纳到“体育基础知识”之中，甚至将一些还没有定论和经过条理化的知识一股脑地塞进体育理论教材体系之中。事实上，有些内容对学生来说，既抽象单调又枯燥乏味，根本就提不起学生的听课兴趣。另一方面，在体育课程之外还有专门的讲授，因此，体育理论课中再让他们学习这些内容当然就不会有太高的积极性。

因而，不从学生现实、具体的体育实践中，去极力寻找科学、合理、系统教材的支点和契机，不从学生的真正需要出发，而总是希望通过主观的、外部注入的方式，把社会教化的期望和想象，全部强加到体育理论课教学中的做法，不仅容易使学生产生逆反心理，还会逐渐使学生丧失积极的体育态度和浓厚热情，乃至在心理上形成一种对体育教学的厌恶感或惧怕感。

二、我国普通高校加强体育理论课程教学的具体要求分析

（一）注重理论教学中的间接经验

在学习过程中学生学习的主要是间接经验，能够有效避免学生在学习过程中遭遇过多失败与曲折，在短时间内能够实现对文化科学基础知识的全面掌握；与此同时，还能够对客观世界继续认识，探索未知领域的新知识。因此，在我国高校体育理论教学中，想要提高体育能力需要全面加强学生的间接经验学习，将理论知识与实践技能实现良好的结合，按照实际需求安排好实践课程与理论知识学习的比例，从而最大限度地实现体育教学的最佳效果。

（二）老师需要结合学生个体差异展开合理健身活动

展开科学合理的健身活动离不开老师对学生生理以及心理差异上的关注，科学的健身活动并不是一项简单的活动，而是拥有众多环节的系统性工程，在保证每项环节都相互联系的情况下，整个系统才能顺利开展。学生的心理特征在该阶段已经趋于稳定，因此积极引导学生学习相关的理论知识可以推动学生对体育学习进行一定的掌握。除此之外，学生在性格及气质等方面也趋于稳定，能够对体育理论知识的重要性及体育课程学习的意义给予正确的认识。

三、加强体育理论教学在普通高校体育课程中产生的重要作用

积极加强我国普通高校体育教学的理论至关重要。理论教学在很大限度上能够补充体育教学中理论知识需求上的不足，除此之外还能够有效地推动体育老师自身专业知识的提升，增强教学效果。

（一）理论知识学习能够有效提高体育课程的教学质量

现阶段，高校担心体育课程的展开会对学生的学习成绩有所影响的情况，主要是由于老师没有真正地从理论上对体育课程展开起到的积极作用有全面的了解，对体育运动能够增强学生学习灵活性从而提高思维能力及记忆力没有正

确的认识。因此，积极结合体育理论知识教学，让学生对体育训练的益处有全面的了解，并对学习技术实现了有效掌握。想要达到这样的教学效果，不仅需要展开身体活动，还需要对各项技术运动的特点特性进行有效的观察与考虑，一方面增强了学生的学习兴趣，另一方面还能有效增强学生的学习成绩。积极将体育理论教学与实践技能学习相结合，极大地增强师资队伍建设的同时，还推动了体育课程教学的进一步改革。

（二）理论知识学习能够增强学生的思想品德素养

在体育教学中加强理论教学能够有效培养学生的纪律作风及思想品德。体育老师通过理论教学能够在课堂上与学生进行充分的接触，在思想感情上能够实现较为融洽的状态。除此之外，学生在体育课程内展开活动，会将自身的思想与行为进行全面的表现，老师积极利用这个机会对学生的思想意识及行为方式进行合理的表扬或批评，能够有效更正学生的不良行为。通过理论教学展开思想品德上的教学，老师通过自身的思想意识及行为方式言传身教，对提高学生的体育能力、身体素质、思想意识有很大的帮助。因此，积极加强体育理论教学，将其与实践技能教学进行有效的融合，是提高体育教学质量与效率的有效途径。

四、强化高校体育理论课教学的对策

（一）教学内容的选择要突出全面化、终身化

高校体育理论教学受当前其他学科快速发展的影响，使我国普通高校体育理论教学的形式和内容面临着两种选择：一是彻底改变现有的体育教学形式，重新构建统一模式的理论教学内容和体系；二是基本上保持现有教学内容形式的相对稳定，同时又进行积极的调整和适度的补充，以解决现有理论教学内容与整个体育教育发展不相适应的矛盾。从实际操作的角度来看，我们认为最好选择后者为宜，即在现有的基础上，各学校根据自己的发展水平灵活地选择和扩展符合本校和本地区学生实际的教学目标、内容和形式。教学内容的选择既

要考虑大学生的实际，扩大知识面，注重内容的实用性，加强体育的科学性和多功能效应的教学，进一步提高学生对体育的认识水平，又要强调身体锻炼的原理、原则、方法等，为终身体育奠定基础。运动项目的理论内容以球类和健美运动的训练方法、技战术理论、比赛规则及裁判法为主要内容，适当增加民族传统项目和娱乐项目的基本常识介绍。

（二）教材选择要从实际出发

普通高校多数学生体育知识、技术、技能偏低，而他们正处于青春期，思想活跃、思维敏捷、兴趣广泛，对体育的全新认识刚刚开始。再者，高校教育的性质、任务决定了高校体育理论教材应有别于其他学科。因此，在教材的选择上应根据高校培养目标的特点以及学生的实际情况，制定出针对性强的教学大纲或编写适合高校实际的配套教材，即体育理论教材的选择应讲究科学性，突出实效性、针对性和时代性，既要考虑现实，又要预见终身。

（三）建立一支高水平的师资队伍

要搞好高校体育教学改革，提高体育理论教学的质量，关键在于具有一支高水平的师资队伍。因此，作为跨世纪的高校体育教师应注重自身素质的提高，不断学习、掌握新的知识，提高自身的理论水平和教学方法，才能提高教学质量，培养高素质的大学生。

（四）改变体育理论课考试模式

以往体育理论往往局限于体育的目的、任务、保健、测试及评价等内容，因学习范围狭窄、教学的目的性不够明确，难以起到提高学生全面素质的根本作用，死记硬背的多，很难发挥学生的独立思考能力和创造能力。笔者所在学院采用课堂主题讨论及课后笔记作业的双向渠道，促使学习情况反馈到体育实践中去，以增加认识与感受。另外，笔者所在学院试行体育理论课考试以“体育论文”形式进行，学生反映良好，学生通过在图书馆查阅图书、电脑网上查阅及报纸广播等多方面收集资料，结合自身情况及所学体育知识撰写论文，使

“被动学习”变为“主动学习”，学生视野扩大，知识面增多。学生对体育课的认识达到融会贯通，逐步使学生树立终身体育观所必须具备的基本品质及基本行为方式。

（五）强化体育教学过程中“学生”的主体意识

无论是体育教学论如何归结，现实教学中体育教学的主体地位不清晰则时常出现。因此，对体育教学的受教者与教育者的关系的认知，是体育教学过程中极为必要的一步。对大多数个体来说，体育教学主体不明，则出现的是操作性的较大偏颇。作为学校的重要组成部分，学生是学校不可或缺的立足之本，学生是教学的主体，这是学生学习与社会要求所决定，而不是个体所提出，体育教学人员应该认清这一主体地位，掌控体育教学人员的主导性功用，而不是全盘进行体育教学的直接操作，以体育教学人员的“教”替代了“学生的学和练”的过程，使学生失去其主体地位，而附属于体育教学人员的任务框架之下。体育教学的理念是要求提高学生的身心素质，增强体育学习兴趣，培养体育学习观念，提高个体的审美情趣，丰富其个体生活。从这点上来分析，体育教学人员则起着引导和督促作用，其体育课的核心点在学习的练上，而不完全取决于体育教学人员任务的完成。通过渐次增进的方式，进行体育教学，则有时间和有条件对体育学习者进行关注与帮助，从而达到体育学习者与体育教学者价值实现的双赢局面，而不是体育教学人员一味地盲目的教授，而学生在二年或三年的大学体育教学过程中，几乎无所收获，离开学校后，对体育与健康的认知，只存在着片段的测试性回忆。

（六）体育教学科学化限度应落实到微观体育教学过程中

体育教学的科学化限度不应以口号式的方式进行宣传，而应该落实到每个承担体育教学的人员的实院微观体育教学的教学中。通过简单的心率指标进行身体运动强度、学生心脏机能的测定，通过极性表的使用对个体进行运动中心脏能力的测定。通过乳酸阈测定与最大摄氧量的结合，对学生有氧工作能力进行测定，来衡量大学生体质的健康限度。在教学的过程中，利用姿势反射，对状态反射、翻正反射、直线加速反射与旋转反射进行一系列的讲解，以提高学生动手能力的学习与分析。通过对运动技能学习阶段的讲解，使学生个体了解运动学习分为泛化阶段、分化阶段、自动化阶段的具体表现，来进一步调整个体的运动技能的学习时机，有助于更好地进行体育教学。

体育理论课教学是当前体育教学中的薄弱环节，体育教师应重视理论课教学，不断改进和创新教学方法，以生动、具体、形象的语言和广博的知识，揭示大自然和人类社会体育运动的规律，激发学生对体育理论课学习的兴趣，这样才会使体育理论课教学收到应有的效果。

第二节　高校体育课程与教学目标

一、体育教学目标的概念界定

体育教学目标是体育教学指导思想的具体体现，是体育教师组织和进行体育教学活动的指南，也是评价体育教学质量标准的依据。体育教学目标表现为对学生学习成果及终结行为的具体描述。在体育教学活动开始之前，教师必须明确学生学习结果的类型，并且用清晰的语言陈述教学目标。编制教学目标是教学设计中非常重要的组成部分，阐明教学目标已经成为体育教学实践和研究的普遍要求，也是体育教学设计的一个核心环节。体育教学目标是指体育教学活动活动的主体预先确定的、在具体的教学活动中所要达到的、利用现有技术手段可以测定的教学结果和标准。科学设计目标本身已成为当前体育教学领域中的一个重要研究课题。

二、21 世纪高校体育课程教学目标的基本特征

（一）科学性

学校体育要树立健康第一的指导思想，切实加强体育工作，使学生掌握基本的运动技能，养成坚持锻炼的良好习惯，培养学生良好的卫生习惯，了解科学营养知识。这要求学校体育教学目标，首先应考虑到四个方面，即保健、营养、身体技能和身心全面协调发展，而高校体育教学目标更应注重与社会的发展相适应，提高人才意识。体育作为一种人文现象，它有生物、心理、社会等多方面的功能，应根据社会的需要和学生的特征，去体现体育的多种功能并建立体育的课程教学目标。要根据高校的专业和学生构成特点在多种功能中有所选择，在重视学生体质的同时，还要兼顾学生的心理发展，以及适应社会能力和终身体育能力的培养，促进学生的心理健康和塑造完善的人格。体育教育也要注重对学生创新能力与个性的培养。在体育教育与教学中要因时、因地而异，重视对学生创造性和体育意识、体育兴趣的培养，只有这样才能塑造出符合新时代发展的人，使高校真正成为人才的摇篮。

（二）具体性

高校体育教学目标要在不同年级、不同层面上具体化，把目标落到实处，既要有明确的目标，又要有具体的方法，使教学目标可行、有效。在目标的具体操作上，不仅要追求学生外在技能水平的提高，还要全面追求学生的身心协调发展，既要通过体育教育完成在校期间对学生身心健康、技能培养、知识传授等方面的任务，还要培养学生对体育的志向、爱好、习惯、能力，为其终身参加体育锻炼打下基础。要以学生发展为中心，但不是要“以学生为中心”。体育教学目标还应注重各个阶段之间的衔接关系。在目标的表达上语言清晰、层次清楚，使各个相邻阶段的目标层层递进，要体现体育课程目标体系的具体性。

（三）整体性

体育教学目标应以“育人为本”，实现社会、学生、学科的有机结合，从整体上进行协调。体育课程教学目标的制订，应注意整体性和阶段性，按照不同的年级、不同层次来确定目标。各个阶段目标的设置与学生自身的体育水平和身心特点相符合，不能脱离实际，应有所侧重，充分反映各阶段的特点，体现目标的针对性。各个阶段目标的设置要承上启下，有层次地对待，体现目标的可操作性。各个目标的设置都应包括技能、认识、情感三个方面，体现目标的整体性。

（四）发展性

高校体育课程教学目标不应只局限于学生在校时各方面的身体发展，而要培养学生自主地参加锻炼、体验运动的乐趣，进而养成自觉锻炼的习惯。从横向发展来看，应将课内、课外目标相结合，形成二位一体的教学体系。从学生自身而言，要根据个体之间的差异，充分挖掘学生的身心潜力，体现“以学生发展为本”的基本观念自始至终贯彻“终身体育”的思想。从纵向发展来看，应将高校体育教学目标与社会的发展和学生适应社会相结合，为社会培养优秀人才为体育教学目标之本。

三、确立体育教学目标的要求

体育教学目标是一个结构严密、层次分明、排列有序的系统，不论制定总目标、大目标、中目标还是小目标，都应从整体出发，注意目标系统纵向与横向的有机联系，特别要研究各层次目标的纵向衔接。

体育教学目标必须明确、具体、尽可能量化。教学目标必须明确规定教学后所要达到的结果，必须用可观察的、可测量的、具体化的量化指标加以描述。这样有利于加强体育教学工作的计划性，为体育教学实施，特别是检查与评估工作奠定基础。

体育教学目标应具有一定的弹性。体育教学目标受多种因素的制约，而诸多因素都在不断变化。因此，保持体育教学目标的稳定性是相对的，而体育教学目标的发展、变化是绝对的。这就要求我们在制定体育教学目标时，要保持一定的弹性，以便依据实际情况进行必要的修改或调整。

四、确立体育教学目标的原则

（一）科学性原则

体育教学目标的科学性是指教学目标要符合不同阶段学生身心发展的特点，有效地促进学生的生长发育。体育教学目标的科学体系有五个方面：第一，要体现体育学科的特点；第二，要全面，即包括认知、情感、动作技能、身体素质和健康素质诸多领域的目标；第三，要根据教材的特点，突出重点和难点；第四，要具体、可操作；第五，难度适中，所设计的目标应该是大多数学生通过一定的努力能够达到的。

（二）灵活性原则

体育教学目标的设计尽管是面向大多数学生的，但由于不同学生的体育基础和能力等存在一定的差异，因而目标又必须有一定的灵活性。这就要求教师要尽可能地将教材按难度设立不同等级，确保每个学生都能根据实际水平达到相应的等级。

（三）整体性原则

体育课堂教学目标指的是单元目标和课时目标。在编制体育课堂教学目标时，首先要把握学校教育目标和体育课程目标，从整体出发，充分反映学校教育目标和体育课程目标的总体要求。

（四）可测评性原则

体育教学目标的设计是用比较科学、准确的逻辑语言来描述的，这种描述一般比较抽象，比较难确定评价标准。这就要求在实际操作中，所制订的体育教学目标不能用笼统、模糊的语言来描述，必须有一定的量化指标，并可以通过一定的内容和方式比较客观地进行评价和检测。

（五）长期目标与短期目标相结合原则

长期目标应同短期目标相结合。所设定的目标不应该直接指向终极目标，相反，长期目标应该分解成短期的子目标，当子目标被实现后，就自然加大了实现长期目标的可能性。研究表明，长期目标与短期目标相结合具有合理性，因为短期目标能够给学生以期望，调动学习的积极性；长期目标给学生以遥远感，长期使用长期目标会破坏学生的学习兴趣。

上述体育教学目标确立的要求、原则，是制订体育教学目标之前必须了解和掌握的，它对体育教学目标的制定具有方向性指导，对提高体育教学质量与效果具有非常重要的意义。

五、高校体育教学目标改革的构想

（一）提出教学目标改革的依据

1. 社会对人才素质的需求

现代与未来社会，高等教育将担负为社会培养新型合格人才的重任，现代社会所需求的合格人才主要的标准是：要掌握本学科专业知识及方法，将本学科知识与实际生活、与其他学科相结合的能力，具有良好的人格品质。这三条基本标准概括起来是，培养全面适应21世纪需要的基础扎实，知识面宽，能力、素质高的德智体全面发展的社会主义建设者与接班人。高校体育教学目标的制定要依据高校教育总目标，并要遵循体育学科特点和规律，突出对学生体育知识、体育能力、身心素质、人格品质的培养，使德、智、美育寓于体育教学之中，以促进学生身心全面发展，为实现教育总目标服务，以培养社会所需要的现代人才。

2. 要体现全民健身与终身体育的需要

如何加强知识分子体育基础树立终身体育意识在于学校体育，但关键在高校，高校体育是学校体育的最后一环，直接与社会相衔接。充分利用高校体育所具有的诸多优势，培养全民健身的组织者和指导者，为学生终身体育和全民健身服务是高校体育责无旁贷的任务和目标。因此抓好高校体育，培养大学生的体育意识、兴趣、习惯与能力，就能够实现学校体育与社会体育接轨，改变学生毕业体育终结的现象。可以说高校重视大学生终身体育基本素质的培养是21世纪高校体育所追求的一个重要目标。

3. 要满足大学生的身心需要

大学阶段，学生的身体正常发育已基本完成，身体机能水平也处于人生中的最佳时期，年青的大学生表现出旺盛生命力，具备从事体育运动条件，是全面发展体能、身体素质、强健体格的最好时期。此间，大学生心理发展也趋于成熟，他们渴望从事健身强体和身体文化活动。大学生对体育的身心需求成多元化和理性化趋势，现代大学生不仅关注健身强体，更注重体育健美、娱乐、休闲、交往、竞技和体育文化素质的提高。因此，高校体育教学目标的构想和确立，应根据大学生的身心特点，满足大学生的身心需要。

4. 注意体育功能与教学目标的密切关系

高校体育功能是学校体育本身所具有的特征反应，高校体育功能与学校教学目标存在着密切的逻辑对应关系。目标的确立应该同体育功能密切相关，并要设法开发其功能来适应大学生成长、现实及终身的需求。应该说，只有功能存在，才有其对目标的追求，不存在无功能的目标。学校体育的许多功能，实质上就是目标的载体。只有建立在体育功能基础上的高校体育教学目标才有其合理性和实现的可能。可见，在选择确立高校体育教学目标时必须考虑体育功能与教学目标的关系及其对相关的功能开发和充分利用。

（二）高校体育教学目标的构建内容

1. 提高大学生的体育文化素养与培养大学生的体育能力

体育文化素养主要包括体育哲学知识、体育社会学知识、体育美学知识、体育心理学知识、体育卫生学知识、体育保健学知识、体育欣赏知识等；体育能力方面的内容主要包括：体育锻炼能力、体育组织指导能力、体育欣赏能力等。

2. 培养大学生体育的认识水平与技能水平

对体育的认识就是比较全面认识和了解体育，包括知识、内容、功能、方法等，大学生对体育认识越全面、深刻，就越容易转化为体育行为，可以说认识是实践行为的基础。

体育技能就是从事体育实践具备的技术与能力。它是在对体育充分认识并学习掌握相关动作技术的基础上，进行的体育实践所获得的体育能力。也就是说是在对体育体验并产生兴趣从而自觉参与体育锻炼的行为表现。这里体育技能是正确完成体育行为和达到目标的重要因素和条件。

3. 增强体质、增进健康

增强体质和增进健康的具体目标是全面发展大学生的身体素质改善生理机能，强健体格，健美体形，增强对疾病的防御和抵抗能力，以及对环境的适应能力。

4. 健全大学生的人格品质

高校体育教学目标除体育教育外，全面发展大学生的人格品质主要包括：

德育、智育、美育和育心的目标。德育的主要目标是培养大学生良好的道德品质，使大学生具有爱国主义精神、责任感，能团结协作、遵纪守法、公平公正、文明礼貌；体育教育中的智育目标就是发展学生的智力品质，培养大学生创新精神和能力；体育教育中的育心目标，就是培养学生具有良好的心理品质，使大学生具有宽广的胸怀、坚强的毅力，有承受压力和挫折的能力，热爱生活，勇于竞争，乐群合群；体育教育中的美育目标，就是培养大学生鉴赏美、表现美和创造美的能力。

以上体育教学目标内容克服了以往教学目标缺乏科学依据和主观色彩较强的偏差，将所构建的目标是建立在遵循原则、依据的基础上，把握目标的研究方法和策略，进而提出符合现代体育教育特点的高校体育教学目标，使之更具科学性、针对性、全面性、合理性和创新性。

六、构建面向21世纪高校体育课程教学目标体系的基本框架

（一）按照社会对学生的体育要求构建教学目标

现代课程理论认为课程所要关注的核心是满足学生需要，这一思想对深化体育课程改革具有重要的指导意义。因为需要产生动机，动机引导行为。不符合学生需要的体育是缺乏生命力的，是激发不起学生体育学习与锻炼的积极动机的。片面强调学生个体的需要是不可取和不现实的。学生虽是体育学习的主体，却是处于发展中的不成熟的主体，他们并不一定能够全面深刻地认识到自己的体育需要，并不一定把现实的体育需要与长远的体育需要、个人的体育需要与国家和社会的体育需要统一起来。

学生的体育需要主要反映在对学习与锻炼内容的选择上。大多数学生对体育学习与锻炼内容的选择，主要是从个人的兴趣出发，一般都愿意选择一些好玩的、轻松的体育内容，而对一些比较单调的、需要付出一定意志努力才能完成的，但对促进身心发展与达到课程目标特别有效的内容，如田径、体操等，学生大都不喜欢。所以不能片面强调学生的个体需要，而忽视国家和社会的体育要求。因此，必须站在育人的高度上，通过科学合理的体育课程教学目标，加强对学生正确的体育学习动机的培养与体育价值观的教育，同时积极努力地改革教学方法，以此来激发学生体育学习与锻炼的兴趣。这是高校体育课程教学目标的核心和体育教学的职责所在。

（二）强调学生快乐情感的体验

新的课程理念强调：要使每一个学生都能体验到学习和成功的乐趣，要十分关注学生的运动兴趣。只有激发和保持学生的运动兴趣，才能使学生自觉、积极地进行体育锻炼，这是实现体育课程目标和价值的有效保证。但是绝不能片面地理解为体育课就是要让学生玩、要让学生乐，只要学生玩得痛快、乐得开心的课就是好课，这完全背离了体育课的课程理念，忽视了对学生刻苦锻炼精神的培养。

在高校体育与体育课程教学中，让学生体验学习与锻炼的成绩与快乐是主要的、基本的，但这仅是高校体育和体育课程教学的一部分。即便仅从丰富学生的情感而言，只有快乐的情感体验也是不够的。其实，在高校体育教学中快乐与艰辛、主动与被动、领先与落后、优势与劣势、成功与失败总是相生相克、相辅相成的，绝对的快乐是不存在的。教学目标应充分体现体育教学这一特有的内涵。

（三）强调体育能力的培养

在过去的体育课程教学中，一般都比较重视学生运动技能的传习，对学生体育能力的培养重视不够。素质教育和现代教育思想要求教会学生“学会学习”和“学会健体”。因而，在深化体育课程改革中强调要“为学生奠定终身体育的基础”，要重视培养学生独立从事科学锻炼身体的能力。但是，在课程教学目标中一定要避免把学习运动技能与培养学生体育能力割裂开来或对立起来。主要应避免以下倾向：（1）过分强调要加强体育与健康理论知识的教学，倾向于“体育教学要向健康教育转变”的观念。（2）为了培养学生的独立锻炼能力，在体育教学中片面强调让学生“自定目标，自选内容，自主锻炼”。对运动技能教学没有一个基本的要求和标准，实质上是放任自流的做法。（3）目前出现在体育教学改革中要实现的三个转变：一是要由“重视学会”转变为“重视会学”，二是由“重视运动技能学习”转变为“重视体育能力的培养”，三是由“重视技能掌握”转变为“重视情感体验”。这就造成一种不正确、不科学的认识，体育教学中学生是否掌握体育知识、技能并不是主要的，体验学习过程就是所要追求的一种结果。

毫无疑问，培养学生的体育能力是十分重要的，但体育能力绝非是空中楼阁，必须要以运动技能为基础，离开了运动技能的学习，体育能力的培养就成了无源之水、无本之木。一个不掌握任何运动技能的人，会有什么体育能力。因为一个任何运动技能都不掌握的人，根本就不知道自己该练什么，更不知道该怎么练。离开了运动技能学习，体育能力的培养就成一句空话。在高校体育课程教学目标中，更不能把能力培养空洞化、简单化、庸俗化。

（四）强调对体育学习过程的评价

传统的体育学习评价，主要以学生的学习结果为依据，忽视对学生学习过程的评价，因而不利于激发学生学习的积极性，不利于学生的健康成长。因此，新的课程评价力求突破注重终结评价而忽视过程评价的状态，强化评价的激励、发展功能。主张既评价最终成绩，又评价学习过程和进步幅度。然而，在我们的课程教学目标中一定要避免从一个极端走向另一个极端，学生学会什么并不重要，重要的是“会学”。学习评价具有极强的导向性，不重视学习结果的评价，会把体育课程教学引向何方，会对学生的体育学习产生什么样的影响，激励的作用何在，这就是高校体育课程教学目标要解决好的问题。

（五）强调学生的个体差异

传统的教育思想是以教师为中心，以教材为中心，忽视了学生的个体差异，用同一标准、同一内容、同一方法、同一进度来对待千差万别的学生，严重地挫伤了学生的学习积极性。现代教育思想认为，学生是学习和发展的主体，课程教学必须以学生的发展为中心。为此，新的课程理念特别强调必须确立学生在课程学习中的主体地位，主要体现在两个方面：一个是课程教学应当尽量满足学生个体发展的需要；另一个是课程教学必须十分关注学生的个体差异，确保每个学生受益。

学生的个体差异是学生主体的客观存在。在课程教学中，只有充分关注学生的个体差异，切实加强因材施教、区别对待，才能确保每个学生受益。

在体育课程的教学目标中既要强调和体现出体育的育人过程，更要强调体育的育人结果。课程教学目标所追求的是学校体育与体育课程各项目标的全面达成，为社会培养优秀的人才做出实实在在的贡献。

第三节　高校体育教学价值观与目标思考

价值观是一个人对周围的客观事物（包括人、事、物）的意义、重要性的总评价和总看法，是对好坏、善恶、美丑、成败、贵贱、贫富、是非、对错的一种基本价值信仰，是提倡什么、反对什么、弘扬什么、抑制什么、遵循什么的一种价值态度。价值观是后天形成的，是通过社会化培养起来的，是随着知识的增长和生活经验的积累而逐步确立起来的。家庭、学校对价值观的形成起着关键的作用，社会环境也有非常重要的影响。

一、当前价值观教育存在的主要问题

从目前的情况看，尽管价值观教育已经得到越来越多的社会群体和广大民众的重视，但是至今还存在着一些问题，主要表现在：

1. 学校价值观教育是整个价值观教育体系中的主体部分，但系统性不强、实效欠佳

学校价值观教育是学校德育工作的中心环节，是整个价值观教育体系中的主体部分，也是价值观教育能否取得实效的关键部分。学校价值观教育作为有目的有组织的系统，对年轻一代形成正确的价值观有着非常重要的作用，同时对整个社会主导价值观的形成也有强大的促进作用。因此，青少年学生能否树立起正确的价值观，将直接影响学校德育工作和整个教育工作的质量，也将直接影响我国社会主义现代化建设事业的成败和民族的兴衰。

学校价值观教育意义重大，各级各类学校都在组织开展教育活动，尽管取得了一定的效果，但总体上说还存在着不少问题，主要表现在重视度不够、系统性不强、实际效果不够理想。从教育的纵向体系来看，幼儿园教育、小学教育、中学教育、大学教育直至大学后教育这一教育体系中的思想政治教育。而对其他课程的教学工作来说，在校内校外考试成绩排名的重压下，任课教师几乎将

所有的目光都聚焦在书本知识的传授、解题技巧的指导、竞赛水平的提升上，很少顾及教师的“育人”职责；与此同时，学生也更加关注与自己一辈子的前途和命运密切关联的各种统考和竞赛名次上，导致这些课程更难实现“传道”的效果。

2. 家庭教育的重要职责是教会孩子做人

父母是子女的第一任老师，应当是孩子道德教育的实践者和行动榜样，家长的言行会给孩子一生留下深深的烙印，家庭教育让孩子养成的习惯会在很大限度上决定他们的发展方向和人生目标。更有一些父母甚至通过自己的言行向孩子灌输与学校倡导的德智体美劳全面发展的价值理念相背离的错误价值观，其结果很可能使孩子在良莠并存的价值观面前无所适从，甚至可能选择错误的价值观。

二、学校体育目的

（一）体育目的

体育目的是增强体质、增进健康、改善人们生活方式，提高生活质量，促进社会文明发展。作为文化、教育组成部分的体育，归根结底是满足人们的健康和文化需要。体育目的是一种观念形态的东西，是一种思维活动的产物。这样一种思维运作过程并不像“镜子映物”那么简单直观，而必然要从人们各自的利益和需要出发，在选择和取舍中体现人们的不同价值追求。体育目的所强调的是未来，着重有预期的指标。体育目的是体育活动的出发点和依据，也是体育活动的归宿。它决定体育的方向，规定体育的进程，以期获得最佳效果。

（二）学校体育目的

学校体育目的是增强学生体质，培养学生的体育能力，形成良好的思想品德和意志品质，促使其成为德、智、体、美、劳全面发展的社会主义建设者和保卫者。它是学校体育的方向，是改革发展的前提，也是一切学校体育活动的出发点和归宿。增强体质，提高体育能力主要是通过营养、生活方式、环境、遗传、运动训练和体育教学而达成的。思想品德主要是通过学校校风、教师的治学态度、教学作风、课堂气氛等隐形课程对学生思想、信仰、价值观等产生影响。学校体育目的并不是一成不变的，而是随着实践的深入、理论的提高和社会的发展而变化的。学校体育目的通过体育教学与体育活动从而使学生提高运动技术，加强身体练习，调整身体负荷，从而增强体质，形成个性特征与坚毅的意志品质，培养学生从事体育运动的意识、兴趣、习惯和能力。

三、学校体育价值观

（一）体育价值观

体育观是个人或社会对体育存在的意义和价值的认识。这种意义和价值的认识决定着体育的发展方向。从这个意义上来说，体育观的核心是体育价值观。体育价值就是体育满足人们需要的这种关系属性。一个人或社会的体育价值观与他本人或社会的体育目的和生活方式有很大的关系。体育价值观可以从两个层次来认识。第一个层次是对体育总体价值的认识，集中表现在重视或鄙视体育的种种观念；第二个层次是对体育价值取向的具体选择。

（二）学校体育价值观

学校体育价值观与学校的体育目的和学校师生员工的生活方式有很大的关系。首先是学校对体育总体价值的认识，集中表现在学校重视或鄙视体育的种种观念。因体育功能的多样性，绝大多数学校将体育作为促进学生全面发展的重要手段和高校精神文明建设的重要窗口，从而加大开展体育活动的力度，重视体育的发展。其次是学校对体育价值主体在把体育作为一种社会客体的情况下，根据自身生存和发展的体育需要对体育客体进行价值设定。价值预期是所表现出来的意向或倾向。因学校体育目的的不同，所以体育价值取向各异。

（三）学校体育价值取向

体育价值取向大约有三种：（1）社会本位的价值取向（工具论）；（2）人本位的价值取向（本体论）；（3）人本位和社会本位双重奏的价值取向。学校体育作为一种有效的教学手段在学校中逐渐发展。在这个过程中，人们也日益深刻地认识到体育学习对人的发展具有多方面的价值。学校体育的价值取向决定于我国的社会主义教育目的。我国社会主义的教育目的是培养德、智、体、美、劳全面发展的社会主义事业的建设者和接班人。体育是教育的重要内容，是素质教育的重要手段。我国学校体育目标是：促进学生身心健康，提高运动技能水平，提高文化素养，提高终身体育要素。所以，我国学校体育的价值取向与学校体育的目标紧密联系在一起，是围绕学生的全面发展和学校精神文明建设而进行的。

学校体育最直接、最显著的价值是促进身体的正常发育和身体健康水平的提高。通过在教师指导下参加体育活动，学生能够增强体能，使身体健康水平得到提高，促使学生身体形态和身体机能的变化。此外，通过体育实践，影响着人们的情绪和各种心理感受，如在和谐、平等、友爱的运动环境和舆论环境中，产生各种复杂的情感体验。促进学生在面对挫折和克服困难的过程中，在与同学共同体育锻炼和比赛中，增强自尊心和自信心，形成积极向上、乐观开朗的人生态度，增进心理健康。

学校体育通过教学活动使学生获得一种操作性、技能性的知识和体育理论知识。通过学习，使学生掌握促进身体健康和终身体育必需的运动技能、体育与健康知识和科学锻炼的方法、正确的体育与健康观念、安全运动的能力、运用体育与健康的资源、信息、产品为健康服务的能力。

体育是人的社会化的重要方式，在与他人和群体的交往过程中体育活动是一种重要手段。现代社会的发展扩大了人们的社会交往范围，通过体育游戏和体育规则的学习，使学生获得社会适应能力，使学生理解个人健康和群体健康对自我、群体和社会的关系，培养学生的团队合作精神与竞争意识。学校体育在体育教学、体育训练、体育活动、体育比赛中更能够培养学生的参与和竞争意识，更能够培养学生的集体主义精神与团队合作精神，从而提高学生的社会适应能力。

体育训练和比赛是不断面对挫折和克服困难的过程。在这个过程中，学生将不断反复体验挫折和困难，从而提高抗挫折能力和情绪调节能力，培养意志品质；在不断超越昨天、超越自我的过程中，学会体验进步和成功的喜悦，从而形成勇敢、顽强的意志品质和乐观开朗的人生态度。体育竞赛遵从“公开、公平、公正”的行为规范。学校通过体育竞赛，培养师生“不畏强手、敢于竞争、敢于胜利”和“光明正大、心底无私、光明磊落”的优秀品质和形成良好的体育道德。

通过长期的运动实践和体验，学生不但能形成对身体、身体活动和健康的正确观念，增强自我保健的意识，同时还将逐步养成健康的行为习惯和生活方式，形成终身体育的思想。学校体育是终身体育的基础，运动兴趣和习惯是促进学生自主学习和终身坚持锻炼的前提。学生的学习兴趣直接影响着学生的学习行为和效果，学生能否通过体育与健康课程的学习形成体育锻炼的习惯，兴趣发挥着非常重要的作用。所以激发和培养学生的运动兴趣，使学生自觉、主动、积极地进行体育学习，是形成良好的体育锻炼意识和终身体育思想的关键。

四、体育价值观的培养应适应 21 世纪社会对人才的要求

体育价值观是指人们以需要的尺度来评价体育这种社会现象的存在和发展，是人们对体育的认识和看法。由于多元化的市场经济的负面影响，高校体育价值观时常出现功利主义的倾向。21 世纪对人才的需求是全面发展的人，展开来说，即知识面宽、创新设计操作能力强、综合素质高有创造性的会生活的体魄健全的社会成员。如何把握社会发展的需要和人发展的需要，发挥高校体育在人的全面发展中的重要作用，树立正确的体育价值观，是高校价值教学改革的重中之重。

体育价值观的培养首先应着眼于培养学生对体育价值的认知。第一，体育价值的认知来自内驱力：人本身是一个整体的有机系统，同时又是整个世界系统的一部分，那么人对体育的价值认识就不是孤立于外部世界独立的感受，而是在内部世界和外部世界相互交融下的结果。体育价值认知除了与身体的健康这种生存为基础的内驱力相关以外，它与人们的需要和维持身心平衡状态的倾

向等多种内驱力亦直接相关。体育价值认知活动与自我的目标一致，只有这种一致性才有意义。人的认知是内向地为了人自己的生存和发展，特别是指向同他生存与发展密切相关的现实的对象性因素。一个以减肥为目标的人，锻炼形式本身不是他的价值，他与进行一般性健康锻炼的人虽然同样认真地做某一个动作，它所期望的是结果是不一样的。对于减肥的人，减肥是他们锻炼的目标，当减肥的结果显现出来的时候，他才会满足，才证明这种运动对他有价值意义。否则,他的运动方式就很难以维持。第二,运动中的自我体验是价值认知的源泉:价值认知需要内驱力作为基础，而运动的体验是后继的源泉。体育价值认知经过一段时间的实践会形成一种相对稳定的认知模式，并形成一种强有力的定式，但这种定式只是一种动态平衡，因为人的身心力量和认知具有一种不断超越原有定式的趋势。如一开始为了身体健康而锻炼的人随着身体健康状况的改善，他就不满足于最初的一点舒服，他就要采用更多的方式或更大的运动负荷使体质全面的增强。所以人作为现实的主体总是自觉或不自觉地按照某种体验来认识世界，改造世界和创造世界。这种体验又是人同外部世界发生关系并反思这种关系的过程中逐步形成的。体验形成后，不仅沉积在人们的内部精神世界中，还沉积在社会文化结构中，因而可以通过遗传方式得以巩固和流传，并通过历史的联系和社会的交往，在社会成员之间传播、渗透，为每个社会成员所接受、同化，以至于成为维系精神世界的动力。

体育价值认知在有条件时，人们会将外在的、短暂的目标作为自己的目的。如只追求体育考试能及格，这时，可以将此阶段视为兴趣的培养阶段。在达到目标的过程中要求许多与价值认知相关的成分加入，如感情的加入，这样才能走完这一过程，否则就会半途而废。如果考试也及格了，在运动锻炼中又获得了满足和愉悦，就会形成了占优势的行为趋向，形成了兴趣，运动对他来说就有了某种意义。

在兴趣的积累到一定限度后，就会建立较高的体育素养。这种认识就不是那种依赖于有限实在的盲目而无理性的本能行为，也不是那种追求短暂目标，把短暂目标当作终极的行为。无条件行为以真实存在为基础，就其对生命本质的真实把握而言，它包括时刻的自我反省，他不会因为运动暂时不符合他的愿望，而改变他的行为，每一过程都是他的结果，都是他的满足，运动的每一时刻之于他都是有意义的过程。

每一种价值观的肯定就是对另一种价值观的否定。一个人接受一种价值观理论后，并不知道完整的事实，但他可以借此了解什么是对自己有价值的，什么是对自己无价值的。当他知道了什么是对的，有价值的，他就明白了应该追求什么和应该避免什么，于是他就把握了自己行为的方向。

21 世纪社会对人才的需求是全面发展的人，它在人的知识面、创新能力、综合素质、体魄等方面对人提出了较高的要求，体育教育作为在全面发展人的能力方面有其独特的作用。所以说，在培养学生体育价值观的方法上，要使学生领会这方面能力的培养对他们是有用的，是有价值的。

第四节　高校体育教学内容体系的构建

随着我国教育事业的逐年发展，各大院校也新增了很多不同的专业，针对不同专业的不同特点和培养目标，对不同人才也有着不同的身体素质要求。面对这种多样化的需求，体育教师必须针对不同年龄及特点的学生进行体育锻炼的安排，使学生在体育课堂中有所收获，使体育课程更好地发挥其在培养人才方面的作用。特别在当今高校中，推广素质教育改革就要树立崭新的教育思想观念，建立适应教学内容的优化体系。

一、体育教学内容及体系的概述

（一）体育教学内容定义阐述

体育教学的内容分为广义和狭义两方面。广义的体育教学包括教养、教育和发展三方面。其中，教养侧重学生的知识传授方面，教育侧重学生德育教育方面，即学生的个人道德修养等。发展则侧重学生由内而外的自我价值实现方面。这三方面综合起来构成了广义的体育教学内容。狭义的体育教学主要是教师针对学生的不同特点进行课程的选择。即教师在已定的教学大环境和学生专业发展需求背景下，以体育教材为基础，进行体育课程的选择和传授。体育教学的广义和狭义概念要求教师从学生的内在心理状态到外在个人生理发展上都进行引导与技能的传授。

（二）体育教学体系的阐述

体育教学体系包括学生、教师、教学内容与教学环境四个部分，而这四部分中，学生、教师与教学环境稳定性较强，除此之外的教学内容则具有相对的灵活性和不稳定性。教学内容是教师根据学生需要、自身能力和教学环境所指定的课堂内容和教学手段，从教学目标上来说，根据学生需求所制订的教学目标，只要是有益于学生自身未来发展，并能够达到教学目的的手段，都为教师提供了诸多的教学手段和条件。体育教学是在校学生的重要活动形式之一，在增强学生体质的同时，陶冶了学生的情操，磨炼了学生的意志。当今社会，学生在学习的同时承受着巨大的生活压力，体育锻炼能够增强学生心理和生理承受压力的能力，促进学生身心健康发展。因此，体育教师在制定教学目标、课堂选题与教学方面需要多费心思。

二、高校体育教学内容结构的优化措施

（一）体育教学内容结构主观目的性的改进

现在的高校体育教学内容体系应该融入更多的主观目的性，只有在客观的需求完全吻合主观目的时建立起来的体育教学内容结构才是稳定、合理的。我们要从两个层面理解体育教学内容结构的目的性。第一，基于学生在不同的学习阶段，对教学内容的需求是不同的现象，体育教学的内容结构要对应不同的阶段，所以在确定教学内容结构时要综合阶段需求，并且要认真地选择、合理地组合。第二，体育教学内容的结构要遵循学生的基本认知和接受规律，帮助学生形成合理的认知结构、技术技能结构、能力结构、体育方法结构。举例来说，

起步阶段，体育教学的目标应该集中在提高学生对学习体育项目的兴趣、锻炼基本的身体运动、培养学生的自信心上，此阶段应该采用活动性游戏来学习简单的基础知识。在简单地了解所学课程的基本知识和养成一定的兴趣后，教学内容结构应该有所变化。这样，主观目的的不断调整将会为实现体育教学目标提供更好的支撑。

（二）体育教学内容结构关联性的改进

众所周知，体育知识和运动技能是极其丰富的。因此，体育教学内容结构的关联性主要体现在课程上所学的知识能够有效地扩充学生的知识范围，为学生进一步的学习发展打造良好的基础，包括良好的运动技术、技能基础以及建立良好的能力结构等。体育教学内容结构关联性包括两个层次：第一个层次的关联性是横向广泛性，一方面要涉及保健、营养、卫生、锻炼原理、竞赛规则等简单的基本知识。另一方面要能够促进身体发展的各种运动技术技能和练习方法，这些对于学生良好体育态度的形成有重要的意义。第二个层次的关联性是纵向的复合性，依据教学的基本规律，对一个内容的学习要逐渐深化，也就是一个纵向的发展。但是高校的体育教学目标是多元复合的，这就需要这两个层次的有机融合，利用体育教学内容结构关联性为学生带来创造性发展的机会和实力。

（三）体育教学内容结构包容性的改进

高校体育教学内容结构需要包容性，包容性的含义为体育教学内容结构的相互渗透、融会贯通。让整个教学的内容体系相互联系，形成一个完善的网状知识结构，产生 1+1 ＞ 2 的效果。这种教学内容结构的纵向、横向的关联渗透的效果需要教学内容的包容。体育教学内容结构的包容性会为教学内容的选择带更大的空间，也使得体育知识技能拥有更大的综合性。

（四）体育教学内容结构动态性的改进

随着人类对体育教育科学的不断研究和探索，相关的新知识也会不断产生。

而且体育运动的丰富性不断增加，这都为体育教学内容结构提出了更多的挑战。如何保证体育教学内容结构紧跟体育科学的发展步伐，满足社会的需求已经成为体育教学工作者的无法回避的课题，这就需要体育教学内容结构具备动态性。动态性可以保证社会产生的新知识及时反映在体育教学内容中。此外，根据当下社会对人才素质要求的变化，如社会需要能适应快节奏、重压力、高竞争的人才，这些要求就应该反映在体育教学体系当中。综上所述，体育教学内容结构应该具备动态性显得十分必要。

（五）体育教学内容结构实践性的改进

实践性是体育教学的关键，也是由体育的本质属性所决定的。学习体育基本理论知识的目的是让学生正确理解体育课程以及以此指导体育实践活动。所以在安排体育教学内容时要考虑其对完成教学目标的重要限度，要与其他部分相辅相成。简而言之，就是体育教学内容结构兼具个别优势和多种内容有机合成的综合结构优势，这些都是建立在体育教学内容结构实践性上的。

三、高校体育教学内容体系的优化与完善

（一）改变传统落后思想

当今社会的在校学生大多处于“亚健康”状态，这与学生不重视体育课有很大关系，要想改变学生对传统体育课的看法，就必须树立“生命在于运动”的思想。这一思想既强调了体育的重要性，又表明了运动对生命健康的影响，是身体健康与体育相联系的连接点，启发人们通过体育锻炼进行更好地生活，也使体育与素质教育有了更好的结合。体育教学要想达到“健康为首，素质第一”的素质教育目标，就要帮助学生建立良好的运动习惯，掌握基本的运动技能，以运动来促进教育体系的改革。要对体育的目的、功能、教学手法与目的等做一次新的定位，建立起一个适应当今社会的体育教学体系。

我国体育教育的改革和发展经历的几十年来，体育已经给我国教育发展注入了新的生机，带来了新的活力。但体育并不仅仅局限于学校之中，要培养学

生在学校生活之外也养成良好的身体锻炼的习惯，使体育成为终身相伴的一项事业，最终达到终身体育的目的。只有这样，才能真正实现体育教学改革的真正目的，真正使体育造福社会。

（二）体育教学内容体系的优化与创新

1. 体育内容体系的优化

要想对体育课堂教学内容进行优化，需要从结构方面入手，这其中包括形式结构和实质结构两方面。从形式结构方面来讲，主要针对的对象是课程中辅助教学的如教材、说明等内容。对形式结构的优化可以从根本上改变学生对于体育课程的认识，加快对体育动作的学习，加深体育教学对自身发展的理解。从形式结构上进行优化可以说从理论上丰富和优化了课程体系的内容。从实质结构优化方面说主要包括以下两个方面：第一，是指体育教师在课程讲述中对课程的自身理解和构想，也是对课程的一个框架的构思，要体现授课教师的主观意愿。这一过程中所要展现的知识与内容都是教师个人通过自己的想法和行动来进行构建的。第二，实质结构优化指教师在授课过程中每个课程的内容、主题的编排和顺序安排的方法。在实质结构优化过程中，教师需要根据自身理解来安排课堂的授课内容，选择该堂课的主题，并通过适当的安排方式使学生在课堂学习中获得最大的收获。通过经验和研究我们不难发现，要想优化体育教学内容体系，就必须要将体育教学内容和体育课程并驾齐驱；与此同时，还要注重课程的实质结构优化，使实质结构与形式结构完美结合在一起，共同在教学中发挥作用。实质结构和形式结构的优化能够促进体育教学内容体系的结构优化和改革，从本质上对体育教学内容进行调整与改进。

2. 体育内容体系的创新

21 世纪的社会对于教育的要求是实现教学内容的多样化、综合化、现代化和信息化等。其中，很重要一点是要关注体育和教育相结合。在当前素质教育全面推进的背景下，更加凸显了体育在教育中的地位。在学生素质发展的过程中，身体素质是科学文化和道德素质的基础，这三者是相辅相成的。

第一，身体素质之所以处于基础地位，是因为没有健康的体魄，人的思想、科学文化、理想和道德等，都没有了可以依靠的载体，也就不存在价值的实现。因此，要提高整体素质，必须要大力提升学生的身体素质，以确保学生在健康的身体状况下，进行更高层次的精神追求。体育课应该最大限度地激发学生对于体育锻炼的自觉性和热情，以达到磨炼意志，培养公平竞争和积极进取的精神。同时，师生可以通过体育运动达到互相尊重，最终使学生建立起更加自信、自强的精神状态。体育教学应当重视对学生身心健康的引导，使学生对体育锻炼产生稳定的规律和模式，形成一种新的健康生活形式。

第二，为了适应当今社会的经济和社会需求，对学生的能力需求有了更进一步的提升，要求学生专业基础好、知识面广、个人综合素质能力强。要达到这一目标，仅凭单一的课堂教学模式是不可能完成的，而要进行适当的角色转换，即学生由受教育者转向培养者，而教师也由单一方向的课程传授转向对学生个性和能力的关注与培养。这一过程要求学生更加注重实现自我价值的重要性。这就要求体育教学内容多样化，要增加大量的诸如网球、羽毛球等终身体育项目的课程。通过这些课程的开设，要求学生不仅能够体会到运动水平的提升，更为今后强身健体，保持终身锻炼的习惯而打下良好的基础。

第三，在对体育课堂教材的选择上，要求具有多样性，这种多样性不仅仅是针对学生身心需求，更是由于身体练习的多样性。对在校学生体育目标的设置，不仅要发展学生的身体，更要发展学生的心理。在当前的体育课程中，竞技运动项目被作为课堂体育项目进行加工与传授。竞技运动项目逐步通过教材化和娱乐化活跃在校园内外，大部分受到学生喜爱和熟悉的项目是来自竞技运动比赛的，如篮球、足球等。但随着社会的发展，越来越多的人追求身体健康的意识逐步提升，健身运动项目，如舞蹈、瑜伽等逐渐兴起。当然，健身运动项目与竞技运动项目本质上并不发生冲突，只要能够引起学生的兴趣，同时没有过量的运动，便可以将竞技项目纳入健身运动项目的范围内，带动大家积极进行参与。因此，在处理竞技运动项目和素质发展时，主要强调其多样性和参与性，以便学生进行选择和参加。

第四，根据人在不同时期对知识和发展的需求，可以进行体育运动的不同安排。人在大学阶段以前处于求学期，体育教学以发展学生身体素质为主，从大学教育开始由学习期向创造期转变和过渡。过去的高校体育教学内容以运动技术为中心开展，忽略了教学方法，很少对于学生的素质和身心健康进行关注，这是对健康十分不利的。大学期间的学习对在校生来说，主要是基础能力和技能的培养，是对综合能力的培养，侧重发展学生的学习和创造能力。因此，在体育教学中也要格外重视体育方法的教学，着重进行开创性教学，培养学生终身体育的习惯和能力。

总之，体育教学内容要进行优化，就需要遵循学生心理和生理的发展过程，对体育教学内容进行多样化开展，以便满足不同年龄段不同学生的个性心理和生理发展需求，做好大、中、小学的内容衔接。

3. 体育教学内容体系的完善

首先，体育教学内容体系的完善要突出课程的实用性。在针对不同学生进行教学计划的安排与设计时，要根据不同情况进行不同体育项目的选择。要尽可能地选择实用型体育项目，使学生能够将课上所学应用到课后的日常体育运动当中，达到学以致用的效果。这样能够带动学生进行体育运动的积极性，激发学生对终身体育运动的兴趣。

其次，由于体育具有终身性，体育教学任务就多了帮助学生树立终身运动思想的任务。体育教学要根据学生的不同阶段和实际情况，督促学生进行体育锻炼，并养成良好的习惯，以便作用于今后的日常生活中，达到最终实现素质教育的目的。

最后，体育教学体系的优化和完善可以采取以下几种措施。第一，增加体育教学过程中基础性教学的内容，使学生从体能和技术上都能够得到适当的发展。第二，在体育教学中加入与社会的接触，如游泳、羽毛球等运动项目，一方面锻炼了学生的体能，另一方面也给予了学生与社会接触的其他机会，增加了学生的技能。第三，要针对学校的硬件条件进行体育课程的安排。体育课程的主要受益者是学生，这也就要求教师需要根据学生的兴趣、爱好等进行教学内容的选择。当然，教师在关注学生体能发展的同时，也要关注其心理的发展，要培养学生在失败中不气馁，勇敢面对挫折的精神。

总之，体育教学内容体系的完善具有以下意义：首先，推动了体育教学内容的研究，促进了体育教学理论的进一步完善。不同时期的体育教学内容和体系大相径庭，体育教学内容随着时代的发展和变化而逐渐演变，因此，呈现出多姿多彩的模式。体育教学内容作为体系中必不可少的一部分，应该针对教学中所出现的现象进行分析并给出解决方法，这样才能够帮助我们建立并优化新的有效的教学内容体系，达到体育教学的最终目的。其次，督促教师对体育的本质和现象进行更深刻的思考。只有这样，教师才能够向学生阐述体育教学的本质,并根据学生对这些问题的反馈,结合当今最新的教学理念,进行重点教学,以求达到最终教学目的。最后，教学内容体系的优化与完善有助于教师科研和执教能力的提升。作为一门理论与实践紧密结合的课程，体育教师能够通过课程内容和目的学习，对学生进行更深刻的讲解，从而提高自己的科研和执教能力。

随着社会的不断发展和教育事业的不断壮大，许多新兴体育项目日益兴起。针对不同的学生，体育教师要把握他们的共同个性特点，并针对各自不同的特点进行教学。在当今社会背景下，学校教育对体育教师提出了更高的要求和期待。这也就要求体育教师需要花更多的时间进行教学内容的研究和优化。只有这样，才能够加深学生对于体育运动的印象和理解，最终达到培养学生学以致用，并进行终身体育的良好习惯。只有让学生学以致用，才能够更好地发挥体育在人才培养中的作用，这也是体育教学内容体育优化与完善的最终目标。

第三章　高校体育教学模式

第一节　高校体育自主教学模式

一、概述

（一）自主教学内涵

1. 自主教学概念的界定

关于体育自主教学，目前学界并没有统一的定义，许多研究者从不同的角度和层面对体育自主教学的内涵与外延进行了阐述。体育自主教学即将学生作为参与教学的主体，教学目标、教学模式、教学内容和方法都应该紧紧围绕学生展开，并和教师因素共同构成体育自主教学系统。同时，健康、愉悦、放松等积极因素应该成为教学的主要源动力。

2. 自主教学外延解释

体育自主教学具有两个层面的双面性，对教师而言，它是一种教学模式与方法；而对学生而言，则是一种学习的模式与方法。因而，从整体上来看，高校体育自主教学就是为了实现一定的教学目标，将学生作为教学的主体，围绕这一主体开展教学模式、教学内容和教学方法的选择，充分发挥学生的主观能动性，激发学生参与热情的一种全新体育教育模式。从教师的角度进行阐释，自主教学就是为了实现一定的教学目的，根据体育教师的安排和规划，学生根据自身的条件制订学习目标，确定学习内容，最终完成学习目标的体育教学模式。

（二）自主教学模式的特点

关于自主教学，目前学界并没有一个严格的定义，大致可以理解为通过多种形式丰富教学手段，引起学生学习的欲望进而对学习内容进行自发性、连续性的发散学习行为。具体到我国高校的体育教学中，可以将其定义为“在老师基本教学的基础上学生针对自身情况制定学习方法，自我监控、自我调整、自我评价，最终实现体育教学目标的教学方法”。根据自主教学的描述，不难发现它的主要特点：

1. 主观能动性

主观能动性是素质教育的重要内容，也是高校构建体育自主学习模式的核心性特点，还是自主教学模式的基本特征。在传统教学模式中，体育教学和其他学科一样，教师往往处于教学的中心，学生往往需要“跟着教师的节奏走”，并按照教师设定的内容、方式、进度、目标进行学习。在这一模式下，学生的学习很大程度上是被动的，学生按照既定的模式进行，一方面没有充分结合学生的特点和个体差异，同时也使得教学墨守成规，学生的主观能动性和积极性有一定的局限。

在自主教学模式中，首先关注的便是学生的个体特征，并将学生作为整个教学的核心，所有的教学工作都必须紧紧围绕学生开展，同时学生在教学中也必须扮演起重要的角色。在这一教学模式中，学生应该根据自身兴趣爱好和个人特质，结合教学实际情况，和教师一起确定教学的主题、方式和内容，并在教师的指导帮助下进行自主学习，自行选择学习目标、内容和方法，并积极主动地推进教学，充分发挥自身的主观能动性，逐步成为体育教学中体育知识、体育技能和方法模式的构建者。

2. 教学有效性

在教学实践中，教师讲的内容都一样，但学生的学习效果却有天壤之别，成绩优异的学生无一例外都进行了相当程度的自我学习，而正是自主教学的深入开展，让他们学会了发现问题、解决问题，并适应了自我分析理解的能力，实现了从“鱼”到“渔”的过渡。由此可见，自主教学模式的学习是有效的，因为在这一模式中，学生成为积极主动的主体，自主教学模式水平越高，学生的学习效果往往就越好，学校体育教学的质量通常也就越高。

3. 相对独立性

自主教学模式和传统的自学既有联系也有区别，虽然两者都鼓励学生在整个学习过程中充分发挥自身的主观能动性，摆脱对他人的依赖，实现自身学习能力的提升。但是，自主教学模式同时也强调了自主学习过程的系统化，强调教师的引导与帮助和学生之间的分享与交流，因而自主学习系统的独立是相对的，学生不可能脱离教师和学校，完全进行独立的自我学习。相对独立性体现在两个层面：从宏观上来看，体育自主教学模式中的构成元素，学生不能完全独立，教学目标、教学内容、教学方式、体育训练的内容、阶段、时间等，学生不可能完全脱离教师的指导和帮助；从微观上来看，每一个元素从开始到设计，再到实施及总结，每一个过程学生都需要来自教师和同学的资源共享、帮助与支持。因而，高校体育教学中自主教学模式的独立性是相对的，需要分清学生的学习在哪些方面和过程是自主的，只有这样才能设计出更加符合教学实际的自主教学模式。

4. 情感丰富性

情感是现代教育中的一个重要概念，21 世纪兴起的情感教育便是对这一要素的深入挖掘。情感对教学具有明显的影响作用，积极乐观的情感会对教学产生积极的推动作用，而压抑消极的情感无疑会对教学产生负面作用。在自主教学模式中，学生的主观能动性得到积极的调动，其情感得到释放和良性的引导，和传统的教学模式相比，学生在教学中往往可以表现出更加丰富的情感和积极的情绪。自主教学模式带来的轻松活泼的课堂气氛，互助共享的教学资源以及给予学生的展示平台，都将有利地推动学生正面情绪的释放。而这种正面积极情绪的释放，将对教学产生积极的推动作用，同时拉近教学双方的距离。

5. 范围有限性

自主教学模式并不是适用于所有的教学，因为对于某些要求极高且教学资源十分集中的高精尖项目，采用自主教学模式未必能适用，或者是教学环境不允许。因而在教学实践中必须注意到，并不是所有的教学内容都可以完全采用自主教学模式，很可能某些学科只能部分采用或借鉴其思维。高校的体育教育和其他学科的教学目标存在巨大差异，通常来说，高校的体育教学在知识模式方面并没有严格的教学目标，而更多是让学生认识体育，热爱体育，并建立起积极乐观的心态和坚持体育锻炼的习惯，从而全面提升国民的综合身体素质。因而，高校体育教学是可以灵活化及自由化的，只要能实现最终教学目的，无须拘泥于传统的教学模式。

二、高校体育自主教学模式的构建

（一）高校体育自主学习模式的构建策略

1. 强化学生自主学习的理念

在多数学生的观念中，体育课就是打球、跑步，然后获得相应的学分，对体育课本质缺乏理解和认识，体会不到体育锻炼增强身体素质的重要意义。

（1）改变学生的传统观念

使学生认识到体育课对自身身体素质提升的重要性，让学生了解到自主学习体育课程能提升自身的交际能力，同时有效地提高自身解决问题的能力，更好地适应未来社会的发展需要。这样能够增强学生自主学习的意识，树立自主学习的观念，积极主动地、发自内心地参与到体育锻炼和体育知识的学习当中，从而有效地提升学生的自主学习能力。

（2）促使学生正确认识自我

高校学生体育课程的选择和体育锻炼计划的制订都要以学生的身体条件为依据。所以，学生要对自身的状况有全面的了解和正确的定位。只有这样，才能够制订出适合自己的学习目标，进而制订出相应的学习和锻炼计划。

（3）增强学生自我监控与调节能力

在培养学生自主学习能力的过程中，教师要注意培养学生自我监控和调节的能力，让学生通过自我测试和反省等方式对自己制订学习目标和锻炼计划进行控制和调节，及时改变学习策略和方法，对自己获得的能力、技能和知识进行及时评价，树立自信，扬长避短，不断激发学生学习的创造性和积极性，为自主学习能力的提升创造空间。

2. 打造“自主选择”的体育学习模式

在高校体育学生自主学习过程中，教师应充分尊重学生，根据学生的不同体育运用情况，适时打造“自主选择”式学习模式，这主要包括自主选择学习的时间、内容和方法等方面，使体育真正走向学生自主，努力提高体育学习质量。

（1）“自主选择”体育学习时间

在大学阶段，学校的教学管理形式是学分制，这种制度给予学生在课程选择上较大的自由，学生可以根据自己的具体情况来安排体育课的上课时间，不管是专项体育课，还是普修体育课。除了学分制之外，学校还应该有针对性地创造条件，让学生自由选择上课时间，这样能够有效地激发学生上体育课的积极性，在保证与原有学分制同步管理的同时，有效地提升学生的自主学习能力。

（2）“自主选择”体育学习内容

学校应该不断地丰富体育课可选择的教学内容，给学生更多的、依据自己的兴趣爱好自由选择的机会，但是高校需注意调控学生的学习活动，加强教学管理。

在高校体育自主教学过程中，应注意以下教学侧重点：第一，充分利用高校丰富的体育资源，给学生更大的自主选择空间。在普修体育课上，要尽量根据学生的兴趣爱好来安排教材内容供学生选择。在专项体育课上，在完成统一教学内容之后，尽可能留出适当的时间给不同基础的学生进行自主的学习和锻炼。第二，学生自主选择教学内容之后，教师要加强对教学的监督和管理，对学习要求有严格的标准，并安排相应的人员组织学生之间相互交流和学习，在这一过程中教师要适时给予指导，保证学生学习的质量。

（3）“自主选择”体育学习方法

每个人的身体素质都存在着非常大的差异，所以要求教师因材施教，根据学生对教学内容理解和接受能力的不同，引导学生自主选择适合自己的练习方法。此外，在不严格要求技术规范的教学内容时，不要限制学生的练习方法，允许学生用不同的方式完成同一内容的练习。例如，在进行篮球运球训练时，教师应该引导学生以个人独立、小组合作等不同模式学习运球，并且结合运球竞赛、游戏等方式，激发学生自主学习的积极性。

（二）建立并完善科学合理的自主教学教育模式

建立一个科学合理的自主教育模式是发展高校体育自主学习的基础，为此，应该彻底改变传统高校体育教育的教师本位思想，将学生完完全全作为教学的核心，所有的教学都围绕学生展开。建立这样的模式，应该考虑到以下一些因素:

1. 组织引导系统

组织引导系统是高校体育自主教学模式的首要环节，也是这一系统的基础和流程导向，具有重要的基础性作用。组织引导系统的主要作用在于宣传自主教学模式的理念和基本模式，并通过宣传让学生逐步认识、感知并接受这一新兴教学模式。此外，组织引导系统的另一重要作用在于激发学生对自主教学模式的参与热情，通过丰富多样的形式将学生引入相关体育教学之中，并让学生对学习产生深入理解和挖掘、自我探索的欲望。可以这样说，组织引导系统是激发学生参与自主学习的首要和关键性环节，这一环节将为高校体育自主教学模式提供强大的原动力。

组织引导系统的核心在于教师的组织和规划，首先，教师应该对教学目标进行宏观设置和整体把控，并进一步将目标细化为整体目标和阶段性目标，根据目标的设置规划相应的课程与教学手段。在组织引导阶段，课堂教学的内容与形式十分重要，需要快速抓住学生的注意力和兴趣，并给予其广阔的想象空间，这对后续自主学习系统的推进十分必要。以课堂教学的引入为例，传统的体育教学往往缺乏课堂教学的引入环节，而在组织引导系统中，高校可以尝试以下热门的话题来展开本堂教学，即设置相应的课堂教学引入机制，如精彩的奥运比赛、街舞、扣篮进球集锦等。这些内容紧扣教学内容，可以在很大程度上激发学生的兴趣和激情，对比传统的集合加解散模式，显然更有利于塑造教学氛围，并能够鼓励学生积极参与其中，在课堂的一开始便抓住学生的注意力，从而为后续教学带来方便。

2. 学习系统

这是自主学习模式的核心组成部分，即建立并完善学生的学习模式，学习系统主要包括内容和方式两个层面，这也是学习系统需要明确的两个基本要素。内容，即学生需要明确地选择出学习内容，这一内容可以是多样的，但应该充分结合学生的个人身体特质和兴趣爱好，经过教师的帮扶和建议，最终确定；而形式则是指学生自主学习的方法，学生可以自己进行，也可以分小组进行。分组进行是常用的一种学习系统方式，其学习效果也比较突出，高校可以在学习系统中参考这一模式。首先，教师根据学生的意愿和自身的教学计划综合划分小组，并对各个小组设立考评机制，主要根据小组学习情况和最终教学目标的实现程度进行评价。这样，小组之间便可以形成良性竞争的机制，而在小组内部，各个成员之间亦可以进行经验分享与学习上的互助，从而在内外两个层面提升学习系统的效率和教学效果。

除了内容与方式两个基本层面，学习系统还需要设置一定的后续配合内容，如在学生选择了学习内容之后，则期末的体育检测便可增设考核学生自己选择的项目并保持一定的权重，这样会使得学生在选择的时候十分用心，能够充分结合自身的实际情况，而后期学习也十分努力。同时可以在课堂上组织大家讨论采用什么样的方式来进行教学，讨论之后教师再综合考量大家的意见实行。通过反复的练习来不断反思和总结，再向同学和教师寻求帮助。

3. 过程控制系统

过程控制系统属于自主教学模式中的控制性和辅助性环节，也是自主教学模式区别于传统自学的重要因素。一般来说，过程控制模式分为两个部分，即帮助和监管。高校可以基于这两个模块构建过程控制系统。帮助模块主要为解决学生自主学习过程中遇到的各种问题。由于体育运动的内容深入社会生活中的各个层面，在学生自主学习的过程中，不可避免地会遇到各种学习和体育运动实践方面的问题，如锻炼方式、运动技巧、各项体育运动的细节动作、比赛规则等，如果没有科学有效的帮助系统，那么学生的疑问将会越积越多，最终严重影响自主教学模式的推进。在帮助模块中，可以设置师生之间、学生之间和小组之间等多种形式的帮助，学生可以自我解决，也可以讨论解决，当然也可以寻求教师的帮助。通过帮助模块的设置，学生在自主学习过程中的疑问可以得到及时有效的解决。

除了帮助模块，监管模块也是过程控制模式的重要组成部分，自主学习模式在推进过程中，教师必须对整个过程进行监管，以保证教学正常进行，同时保证教学目标的实现。换言之，教师必须通过一定的手段，及时有效地掌握学生学习情况，当出现偏差或者教学环境发生变化时，教师应当及时调整教学计划和自主教学模式。监管模块的方式十分多样，如教师可以定期开展座谈会，开展学生小组内部讨论和小组之间的讨论，在讨论中分享学习经验，共同探讨学习问题。而通过这样的讨论，教师可以及时地把握学生的学习动向，以便于洞察当中存在的问题，进而进行纠正和调整。从这一层面来看，过程控制系统是保证自主教学模式按照既定模式发展的有效保证，这一系统的缺乏，很容易导致自主教学模式变得散乱无序，进而偏离教学目标。

（三）分层教育法的构建

分层教育法是近年来兴起的一种全新教育模式，特别适合大学教育，和高校体育自主教学模式的构建有着良好的切入度。从目前的教学实践效果来看，分层教育系统是实现和推动自主教育模式发展的强大工具和有效手段。分层教育法的主要特点在于对学生群体的重新划分，它充分结合了自主学习的特征与客观要求，更加重视学生的个体差异与个体特征，从根本上颠覆了传统体育教育的模式和教学目标，在灵活开放的大学教学环境中特别适用。

在目前的高校体育教育中，体育教育类别的划分往往比较粗略，仅仅是将专业与非专业类的学生进行分类，而大量的非体育专业学生沿用一个教育模式。除了进行专项培训的学生之外，其余学生统一划为非专业类进行体育教学，采用公共教育课程和体育兴趣选修相结合的模式进行教学。这一模式沿用多年，取得了一定的教学效果，但是面对 21 世纪素质教育的深入拓展和教学环境的变化，逐渐显现出越来越多的问题。首先，学生的个体意识不断增强，兴趣爱好各不相同，且体育基础和发展锻炼方向各有差异。不仅如此，在非体育专业学生群体中，也不乏对体育运动充满激情，渴望得到专业培训的学生，而传统的划分模式，对这些问题的处理显然心有余而力不足。

（四）建立科学人性化的检测模式

在传统教学中，教学检测是体育教学的末端环节，实际上，每一次教学检测都是对整个教学系统和教学效果的总结与评价，经过总结与分析，可以为后续教学的改进与进一步发展提供有效的支撑依据，因而科学人性化的教学检测模式，对教学模式的实施与发展同样具有重要意义。对自主学习模式，亦是如此。在体育教学的检测模式方面，大体上采用的是“评分制”和“及格线”的模式，即根据学生学习的内容设置相应的考试内容，如立定跳远、跳高、百米跑、一千米长跑等，根据学生的测试成绩打分，再判断是否及格。当然，在素质教育不断深化的今天，测试的手段和内容在不断丰富发展，考试的内容也趋于多样化，结合学生实际开设了乒乓球测试、网球测试等项目，同时引入许多先进的体能测试设备，在提升检测精度的同时提高检测活动的趣味性。可以说，这些措施是行之有效的，相比传统单一生硬的检测模式更加有效生动，但是必须注意到，在现代化的检测模式下，“评分制”和“及格线”的模式并未得到根本的转变。在这一传统模式的影响下，体育教学效果检测受到较大不利影响。首先，学生的身体机能和体育综合素养存在必然的差别，划分统一的“及格线”显然不够准确和科学；其次，对于学生的测试结果，简单地以是否“及格”进行评价，显得太过粗略，对学生后期学习的改进和教学方法的调整并没有明确的指导作用；最后，这种检测评价模式很容易挫伤部分学生的自尊心，从而进一步削弱其参加体育运动的兴趣与热情，甚至对体育教学产生抵触情绪，这对高校体育教学十分不利。因而，为了完善自主教学模式，高校在体育检测环节应该尝试更加人性化和更加科学的模式，只有这样，才能真正有效地检测自主学习效果，同时为后续学习教学工作的调整提供有效的支撑。

（五）积极扩展课堂外延

为了发展自主教学，必须将体育教学的课堂从单纯的操场上分离出来，将普通教室、多媒体教室、网络化教室等元素引入体育教学。例如，跳高的教学，传统教学方式就是教师简单的示范和学生反复的练习，而当中的细节动作和技巧，教师的讲解未必能让学生充分理解，而有时教师的示范本身就不甚标准。若扩展课堂的外延，在教师简单讲解之后便可在多媒体教室给学生播放跳远比赛的视频，这样的效果来得更直观，学生也更容易理解。在教室中则可以组织学生讨论，这样可以激发学生的学习热情，从而为自主学习的开展带来便利。不仅如此，开展第二课堂也是发展自主学习的有效方式，可以经常开展篮球比赛、乒乓球比赛、羽毛球比赛等活动，这样的活动很容易吸引学生参加，而为了在比赛中有较好的表现，学生对相应的活动进行精心的准备和大量的练习，在这个过程中不可避免地会对相关的体育知识和技巧进行学习和研究，这其实在很大程度上推动了自主学习的发展。

（六）现代科技与自主学习的结合

1. CAI 系统与体育教学的结合

CAI 是计算机辅助教学系统，凭借其强大的多媒体功能和良好的互动性在教学中得到了广泛的运用。体育教学强调身体语言，不论是广播体操、篮球、乒乓球还是羽毛球，都由一整套复杂连续且节奏较快的动作组成，传统的讲解很难让学生产生直观的印象，也使得学生把握不住当中的难点与易错点。借助 CAI 系统，可以给学生播放相关视频，让学生对整套动作和流程有一个非常直观的印象。以广播体操为例，可以给学生播放国家体育教育制作的标准动作示范，在此基础之上给学生讲解当中的要点，这样给学生的印象才十分直观。对于体操动作当中的难点，可以暂停、慢放、定格、反复重放，让学生看清楚，并及时地组织讨论，保证学生能够真正地理解当中的要点。

2. 逐步推广新兴课件化教学系统

课件化教学系统主要由播放设备、投影设备和遥控设备组成，用户群日益庞大，网络资源也十分丰富。以篮球教学为例，篮球运动十分剧烈，不论是相关动作还是复杂的规则都不易讲解清楚。对此，可以制作形象生动的课件，在课件中融入图像、视频等元素，由于课件系统高度的自创性，因此CAI更加人性化。比如，“单手肩上投篮”是一个常用的投篮动作，可以在课件中以flash（动画）的形式对当中的“蹬、伸、屈、拔”等关键性动作进行分解，还可以用flash小游戏来让学生进一步加深自己对所学内容的印象。

3. 搭建网络教学平台

网络教学平台并不是新生事物，在我国的高校教育中也得到了较为普遍的推广，利用校园网、学生电脑端口和学校的资源库，学生可以及时查阅、下载相关信息，并进行教学、考试、报名、缴费等一系列操作，其便利性和完善性较好，这为体育自主学习模式网络教学平台的搭建提供了良好的基础平台。

网络平台虽然在教学管理和部分学科教学中得到广泛应用，但高校在体育教学领域并没有充分利用网络平台，体育教学很大程度上还是更加重视操场和场地训练的作用。实际上，根据分析可以看出，在自主教学模式中，教学双方以及学生之间及时有效的沟通交流和资源共享是十分重要的，这贯穿于组织引导、学习、过程控制和总结评价四个子系统，因而高校在这一方面应该充分利用自身已经具备的校园网络软硬件设备，加快构建体育自主学习网络平台。

第二节　高校体育快乐教学模式

一、概述

（一）快乐体育的基本要素

1. 环境优化

“硬环境”美化、协调，“软环境”（人文因素）健康和谐。

2. 情感驱动

教学中要引起学生快乐和成功的情感体验；教师应从情感教学入手，以自己对学生、对教材、对教学活动的热爱来激发学生勤奋学习；建立民主、合作的师生关系。

3. 协同教学

协同教学是指运用协同论的原理，在体育教学过程中重视教与学诸要素之间的参量配置协调、同步及互补，以形成体育教学活动协同高效的运行机制，使体育教学的整体功能得以放大、增值。协同教学要求启发式的教法与创造性教法有机统一，其突出特点是在内容上强调“发现学习”，在形式上强调“学习过程自组”。

4. 增力评价

增力评价由口头的形成性评价和激励性评价组成，是一种即时的教学反馈。在具体运用时，应注意以下几点：①形成性评价要及时准确，激励性评价要适时并保持较高的频率；②要有效实用；③要避免超负荷；④要强调多项性。

5. 快乐体验

快乐体验主要指快乐的运动体验与成功体验，在教学中强调不同的体育活动所独具的乐趣。实践中应强调以下几点：①教材要适合学生的身心特点，照顾学生的体育兴趣，满足他们的体育需要；②“情知交融”，使学生产生强烈的学习欲望；③加强学法指导，使学生的学习在“我要学”的基础上做到“会学”；④强调非同步化教学，要因材施教、区别对待，力求使每个学生都有自己的学习目标和自我实现的机会。

（二）快乐体育教学模式的基本内涵

1. 注重学生在体育教学过程中的主体地位

快乐体育十分重视体育教学过程中学生的主体地位，在教学中充分发挥学生的内因作用，即学生的主体作用。快乐体育理论认为，重视学生的主体地位，激发和维持学生学习的兴趣与动机是提高教学效果的有效手段。从人的发展来看，兴趣和动机是构成人的人格特征的一个重要组成部分。另外，学生从事体育学习的基础、追求目标、个性心理、学习的方式方法等均不相同，教师只有最大限度适应学生的需要，因材施教，积极地鼓励、引导学生，才能取得良好的教学效果。

2. 建立和谐的师生关系

体育教学是双向多边、复杂的活动。体育教师掌握着教学方向、进度和内容，用自己良好的思想品德、丰富的知识、高超的运动技艺，活泼、生动的形象教育和影响学生，在教学中发挥主导作用。学生是学习的主体，其学习目的、态度、动机、积极性、身体状况、兴趣、思维能力、情绪等都直接影响教学效果。快乐体育强调体育教学中师生之间、学生之间都存在着双向信息交流，建立和谐的师生关系、生生关系。

3. 追求学生个性的和谐发展

快乐体育认为推动学生个性的和谐发展是快乐体育思想的根本精神所在。快乐体育与学生的个性发展存在着辩证关系，一方面是学生的个性倾向性和个性发展水平，在运动项目的选择及参与运动项目的积极性和主动性上充分表现出来；另一方面快乐体育过程又能促进学生个性的和谐发展，帮助学生更深地挖掘从事体育运动项目的潜力和参与运动的乐趣。这两方面相辅相成，在增强学生体质的基础上，促进所有学生在智力、心理素质、美育和能力等方面都能得到发展。在快乐体育的思想指导下，培养学生的独立性、自主性、创造性及热爱美、鉴赏美、表现美的情感和能力，丰富精神生活，促使学生个性的全面发展。

4. 体育教学活动本身应是快乐的、有吸引力的

体育教学艺术的本质在于促进学生乐于进行体育学习，为深化旨在追求运动乐趣的体育学习，学生自发、自主的学习活动成了一个非常重要的条件，满足学生的运动欲求就会产生运动的乐趣。这种欲求的水平越高，越明确，其满足后获得的喜悦也就越大。因此，体育课不能是带有教师强制性的，而必须能使学生自发、自主地享受运动中的乐趣的体育课。丰富多样、生动活泼的教学方法，新颖有趣、逻辑性强的教学内容，可以不断地引起学生新的探究活动，

从而激起学生更高水平的求知欲。

5. 进行思想品德教育和提高运动技能

体育教学不仅要育体，而且要育心。社会越向前发展，对人的道德情操和适宜社会生活的能力的要求也越高。体育教学可以培养学生具有一定的适应社会生活要求的个人行为和社会行为，具有符合时代精神的思想品德、文明修养、道德情操等。快乐体育在注重学生的主体地位和发展个性的同时，也要求运动技能在积极参与下的提高，培养终身体育的能力和习惯。

（三）快乐体育的实施原则

1. 教育性原则

在体育教学中渗透德育是体育教学的基本要求。快乐体育以“乐学”为支撑点对学生良好心理素质的培养更加广泛而深刻，包括目的、兴趣、情感、意志等全部非智力因素。

2. 趣味性原则

“授之以趣”，教师乐教，学生乐学，形成良好的教学气氛。使学生在轻松的、舒适的、快乐的环境中进行体育课，从而使学生快乐地学会动作及技术。

3. 情境性原则

将体育教学活动置于一定的情境之中，使学生贴近生活，使体育学习变得亲切、自由和愉快。

4. 激励性原则

教学中一方面要“激情”“激趣”“激志”，激发学生主动学习精神；另一方面要“激疑”“激思”“激智”，激发学生的心智活动，达成在快乐中求发展、在发展中求快乐的目标。

5. 实效性原则

近期目标是培养学生良好的学习习惯和乐学精神，提高教学质量；远期目标是面向终身体育，发展体育素质。

二、体育游戏与快乐体育教学模式重构

（一）体育游戏的内涵

体育游戏作为一种社会现象，其随着人类社会的产生和发展而不断发展。在人类社会漫长的历史中，体育游戏经历了一个由萌生、发展到不断完善的过程。何谓体育游戏？有学者提出它是游戏的一种，是以身体练习为基本手段，以增强体质、娱乐身心、陶冶性情为目的的一种现代游戏方法，它是按照一定目的和规则进行的一种有组织的体育活动，也是一种有意识的、有创造性和主动性的活动，其基本特征是大众性、普及性和娱乐性。也有资料指明，体育游戏是以游戏为活动形式，以身体练习为基本内容，以促进德、智、体全面发展为目的，按照一定规则进行，具有浓厚娱乐气息的身体练习和思维练习方法的一种特殊的体育运动。它对人体基本动作形成、增强人体能力和智力、陶冶情操、培养锻炼兴趣起着积极作用。

综合以上对“游戏”和“体育”含义的理解，可以明确体育游戏的定义，即体育游戏是按照一定目的和规则进行的一种有组织的，以身体练习为基本手段，促进人身心全面发展为目的，是体力活动和智力活动相结合、富有浓厚娱乐气息和鲜明教育意义的自主活动。由于体育游戏理论是游戏理论的一个分支理论，所以具有完整的有逻辑的游戏知识体系。

（二）体育游戏的特征

1. 趣味性

《辞源》中说，“游戏乃玩物适情之事也”，即游戏是有趣的玩类的事情，它能使人在精神上得到某种欢娱，能满足人们对娱乐的需求。尽管它不能直接创造物质财富，但是能吸引各种不同的对象主动参加。不管何种类型的游戏，组织参与游戏活动，首先是有趣好玩，从中得到欢乐。体育游戏也是如此，所以趣味性是体育游戏的第一大特征。如果没有趣味性，则不能称为体育游戏，而只能称为体育练习或身体练习。

2. 教育性

体育游戏是学生的“良师”，是体育老师的“益友”。体育游戏教学丰富了教学内容，激发了学生的学习动机；培养学生的思维能力、创造能力和竞争力；提高学生的注意力，改善学生的心态；完善个性；培养学生的意志品质；建立良好的师生关系；提高学生的身体素质和健康水平，使学生在德、智、体、美诸方面全面发展。体育游戏教学实施实现了“健康第一”的指导思想，在未来的体育教学中一定会发挥更大的作用。

3. 竞争性

体育游戏大多都具有以个人或集体取胜为目的的竞争性特征。通常以游戏完成的数量、质量、速度为判别胜负的依据。因此，它充分体现游戏参与者体力、智力上的竞争特点，通过游戏活动可提高参加游戏者的身体活动能力、思维能力、应变能力、创造能力，并在游戏中培养学生团结互助的集体主义精神，使参与者在竞争中实现精神上的满足。

4. 科学性

体育游戏在组织的过程中要考虑到学生原有的知识、技能、身体素质和训练水平，根据由易到难、由浅入深、循序渐进的原则，对不同年龄和性别的学生区别对待、科学组织，做到“因材施教”。同时，游戏过程中要密切观察学生身体状况的变化情况，科学合理地掌握运动密度和运动量。

（三）基于体育游戏的快乐体育教学模式重构措施

1. 贯彻“安全”“健康”和“娱乐”三者统一的教学指导思想

“安全”问题是体育教学中最先考虑的问题，由于这个问题会带来严重的后果，就限制了体育活动的开展，而这里寻求的是在保障安全的活动环境下，学生德、智和体等方面全面发展，即“健康”成长；“健康”是体育教学的追求，而“娱乐”配合“健康”，在这里把两者并列，主要因为“娱乐”是“健康”不可或缺的途径。因此，只有统一三者，才能准确定位快乐体育教学的指导思想。三者合为一体才是一个良好的教学指导思想，快乐体育的本身原则就在于更“安全”、更“健康”、更“娱乐”地完成课程，三者的关系相互联系、不可分割。

“安全”是课程完成的基础，学生的基本保障。“健康”体育课的根本所在就是要提高学生的身体素质，通过锻炼方式来予以提高，从而达到健康的目的。“娱乐”就是在前两者的基础上通过娱乐身心的方式，在安全的基础上来达到活跃身心健康的目的，这也是快乐体育所带来的一种教学效果。

2. 建立以增强体质，促进人格完善为目标的教学模式

众所周知，科学合理的体育活动能使身体更加健康，随着深入的研究，人们发现学生在积极参与运动的过程中，思维变得更加活跃和敏锐，创新能力大大提高。同时，受到活动环境的熏陶，也能够加速个性社会化的形成，而学生认知能力的培养和个性社会化的形成则能促进人格的完善。社会的发展对人才的需要越来越高，人本身的基本素质也需要提高，在基础的课程中，培养学生身体素质、健康能力是体育课的一方面。当前的社会需要及课程要求的改变，培养的是学生能力，能力的提高体现在动手能力，体育课的转变方式就在于如果在基本的思想上，让学生更好地完成教学目标，快乐体育的融入把学生的思想精力带动起来，融入课堂里，在环境因素影响的同时，身心得到了锻炼，人的身体得到锻炼，思维方式得到锻炼，从而达到体育课的教学目标。

3. 建立“因人而异”的教材体系和“因材施教”的教学方法

教学方式及教学方法是教学课程的基本体系，好的教学方法能更好地来完成教学，有针对性地采用好的教学方法能够更好地提高教学质量。学生由于受到诸多因素的影响，其素质表现出明显的个体差异，因此教师要根据实际情况因材施教，具体到选择教学内容和方法及制定练习的难度与要求时，表现出选择和制定上的灵活性，尽量满足每个个体的实际需求。人性化的教学更好地体现了快乐体育教学模式的重要性，因人而异地来进行教学。

4. 建立以游戏理论为辅，不断创新的教学内容

如今的体育课程大多以传授基本技术、基本学习方法为主，始终没有使学生能够更好地理解和掌握技术，在教学过程中运用多种游戏方法进行教学，以此提高学生的积极性，促进学生身心的发展。让学生在娱乐的过程中学到知识和内容，可以通过游戏的趣味性加上教学方法来完成。游戏的理论基础颇深，

在运用上没有局限性，也要有一定的人文融入其中，所以教师在安排教学内容上要有所体现，这才能体现出新型体育教学模式中的新型元素，重视娱乐教学，但是不能把体育课程变成根本的游戏课，用游戏的方法和理论去辅助教学，达到良好的教学效果。

5. 建立以教师为主导，教师与学生共同为主体的教学群体

学生虽然是学习的主体，但其所需要的体育知识、技能，仍然需要由教师来传授；其在学习中的自学积极性，需要由教师来激发和培养；学生进行自主学习、合作学习和探究学习，也离不开教师的指导；等等。然而，教师在主导的过程，也要让自己成为主体，与学生一起感受和体验，互动起来，让体育教学过程中的所有成员成为一个随时随地的信息反馈系统。

6. 建立以重视情感投入为主并培养学生自主学习和合作学习的教学过程

体育教学的过程不仅是体育知识、技能的传递过程，而且还伴随师生之间的情绪、情感交流，伴随态度和行为方式的相互作用与影响。教师根据学生的自身需求，激发其兴趣，最后变成学习动机，而学习动机能克服许多传统教学模式中学生所处的被动状态的弊端，能够培养学生学习的自主性，也能改善师生关系和生生关系，从而在活动过程中互相学习、共同提高，让学生有愉快的学习经历，这也有利于营造和谐合作的学习气氛。

三、高校快乐体育教学模式的应用

（一）理论基础与实践结合

每种教学模式的创新都需要扎实的理论基础作为支撑，在不断地摸索实践中进步完善。快乐体育教学想要实现模式创新，不仅要在教学内容、教学方式、教学评价方式等方面下足功夫，还要注意调整在实际运用中因为某些因素导致教学模式的不间断变动。结合不同的时期、不同的教师、不同的学生顺序等多方面的因素，实现灵活性、多样化的教学。例如，个性教学模式结合快乐体育理论为社会培养全面的人才；发现问题教学模式结合布鲁纳发现法理论；增强体质教学模式结合享受活动乐趣快乐体育教学基础理论。

（二）情绪感染，调动学生的学习热情

大学生在快乐体育教学过程中，教师的热身设置非常重要。在这一过程中如果加入情绪预热，可以帮助学生在最短的时间内参与互动。由于传统的体育教学中，教师在传授运动技能或是体育课上的活动内容时，“说教”占据了相当大的部分，体育教师与大学生之间侧重的是“教育”，体育教师在肢体语言运用技能上的缺失，导致情绪感染严重不足，很难调动学生的学习热情。加上难懂的各种技术动作相关术语，学生与教师交流的主动性与互动性丧失，最终导致快乐体育的教学目标难以完全实现。

（三）强调学生的主体性

快乐体育教学在实施上采用的组织形式应以学生为主体，在各个环节中体现并带动学生的主观意愿。但要杜绝盲目地以学生为先。例如，在设计掌握技能教学模式中教师可以让学生选择自己的强项体育技能，并同步录入教学系统，然后根据学生的自身特点制定健身运动的方式。此外，还可以在目标教学中，让学生自己选择符合自身能力的学习目标。

（四）体育教学手段要丰富多元化

快乐体育教学中包括教材内容、教学方法、教学形式及教学评价等内容。因此，快乐体育教学模式的创新就需要在这些环节中体现出来。例如，在对增强大学生体能教学的过程中，可以引入我国竞技体育领域中发展较快的体能训练方法，提高核心力量训练等。抑或将拓展训练的形式与体育教学结合起来，并引入健康周期理论，做好运动技能评价等教学内容。

（五）体育游戏让学生收获快乐

大多数学生潜意识里认为体育课应以“玩”为主，因此教师就应该抓住学生爱“玩”的心理，同时结合教材来进行体育游戏练习。体育游戏具有组织形式生动活泼、内容丰富多彩、操作简单易行等特点，能够在给予学生充分的愉悦体验的同时，将体育教学的目标充分渗透进去。

（六）利用现代科技发展促进体育课程改革

伴随着科技革命的不断深入发展，学科之间的渗透与交叉、分化与综合、知识结构的变化，推动体育课运用新的教学手段、组织形式、教学方法，最大限度地调动学生的积极性和主动性。快乐体育强调体育教学中应注意满足学生的动机需要，让学生愉快自主地从事体育学习与锻炼，充分发挥学生现有的能力去从事、创造、享受体育运动，并在运动过程中自觉积极地发展体能和提高运动技能。

（七）培养学生对体育运动的兴趣

遵循运动技能的形成规律，以系统传授运动技能为核心的一种体育教学活动体系，注重对技能掌握效果的评价，也称为“三段制”教学过程。在体育教学过程中，要重视对学生体育能力的培养，使学生从体育锻炼中体验到乐趣，激学生发长期参加体育锻炼的欲望和兴趣，为其今后的终生体育锻炼奠定坚实的基础。

（八）努力建立融洽的师生感情

我国高校体育新课程理念中已经明确提出，教师教授知识和实施教学活动的过程其实是一种知识传递的过程，更是一种学生和教师交流情感的过程，任何一个科目的高效课堂教育教学都建立在教师与学生之间情感交融的基础之上。因此，在大学体育课堂中应用快乐教学法，必须要建立起一种融洽的师生感情和平等的师生关系。例如，教师可以在自己的体育课堂中采取小组合作学习的教育方法，在大学生进行小组讨论的过程中，大学体育教师所扮演的角色并不是领导者与裁决者，而是评价者、指导者及组织者，具体来说，就是要对学生进行指导，使他们能够对体育教材的知识和内容进行深入理解，并且要对大学生自身所显现出来的问题和错误进行详细分析。教师不能劈头盖脸地批评学生，而是应该耐心地引导学生抛弃错误的知识和观念，接受正确的知识和内容；教师必须要明确学生出现错误的原因，究竟是学习态度原因、学习方法原因，还是其他原因。然后，让学生实施小组合作学习及交流，小组成员共同研究应该如何对学习过程中遇到的问题进行解决。

第三节 高校体育网络教学模式

一、概述

（一）相关概念

1. 网络教学

网络教学是利用计算机设备和互联网技术，在此基础上实行信息化教育的教学模式。借助互联网平台实现异地、实时的教学和学习，平台将多媒体视频、音频、图像、动画等资源融合在一起。网络教学的主体是教师和学生，教师制作多媒体课件或开发网络课程时参考教学大纲、学生学习特征和学生认知水平，有针对性地调整课程、课件内容，将制作好的多媒体课件或网络课程与相关资源、扩展信息发布到网络教学平台。学生则通过网络设备接入网络学习平台，可按教学要求选择课程或针对自身特点进行学习，同时师生双方可通过平台的交流模块针对学习问题及时进行交流。

2. 教学管理

教学管理是学校正常教学秩序的保障，教学管理者通过一定的管理手段，使学生按照学校既定的培养方案进行学习，包括教学大纲、教学计划、教学运行、教学质量评估、学籍的异动审批及学科、专业、教室、考场等管理。在确保正常教学秩序的前提下，同时对教师及学生在校期间开展的各类活动的辅助与监管。

3. 网络教学管理平台

网络教学平台是建立在以互联网为基础的现代远程教育的支撑平台，为在网络上进行学习的学习者和教育者提供交流的平台，可以方便教育者进行授课、答疑、谈论及作业的批注。它是支持共享和交互的平台，为学生学习质量提供了一定的保障，且符合统一的标准，它是现代网络教学必备的教学支撑平台。

网络教学管理平台建立在网络教学平台的基础上，教师可以在这个教学平台上开设教学课程，方便学习者自主选择要学习的课程并进行自主学习内容的挑选。不同学习者根据教学内容来进行交流互动，教学活动围绕着教师的教和学生的学来开展，方便教师和学生进行讨论和交流。它是支撑教学活动最重要的应用管理系统，为教师和学生提供了强大的施教和网上学习的环境。同时，将学校教务管理平台的内容进行融合，教师可以在平台上对学生的作业进行批注，可以编辑教学课件，可以在线对学生进行考试等。平台可根据教学的课程需要，定制个性化的学习工具。同时，学生也可以在这个平台上选修课程，安排学习计划，查看选修课程的内容，向教师提交作业，汇报协作学习的情况等。

（二）理论基础

1. 教育传播理论

教育传播理论是教学技术的重要理论基础，现代远程教育的教与学活动，是一种以教与学的异地分离为特征，以媒体传播信息为特点，以学习者的自主学习为主的获取知识量的新的学习形式。由教育者按照一定的教育目的和要求，选定教育内容，并借助媒体通道，将知识、技能及思想等传输给特定的教育对象的过程。

2. 人本主义理论

人本主义心理学主要体现在以培养“完整的人”或“自我实现”为目标，强调人的认知发展和情意发展的统一，强调人的情意发展和认知发展的统一；同时罗杰斯认为人的学习倾向和内在潜力是天生的，保持学生的好奇心将会推动终身学习的发展。好奇心可以帮助学生解决学习中的困难，而且可以不断激发学生自主学习的潜力。从这个意义上说，网络教学管理平台的个性化学习有利于学生“自我”目标的实现，以兴趣为引导点，推动学生学习，提高学习效率与品质。

3. 混合学习理论

混合学习理论的主要特点是将现代教学与传统教学融合在一起，通过综合运用不同的教学手段来满足不同的教学需求。在传统的教学中，只要存在不同教学手段的结合，就可以称为混合式学习。例如，在课堂中播放录音、录像等。需要教师对“混合”的内涵有充分认识，才能将教学活动有效地体现出混合式学习，并将混合式学习的思想融入教学活动之中。

在网络教学平台的教学活动中，将传统学习与网络学习结合起来。根据学习者自身的特点和教学内容要求，针对实际的教学环境和教学条件来选择多种传递通道进行知识传输，不局限于任何一种教学方法、教学手段和教学设施，同时通过教师有效的引导和规划，学习者根据自己的能力自定步调的学习，以取得更好、更有效益的学习效果。

4. 绩效评价理论

绩效评价理论是组织依照预先确定的量化指标及评价标准，运用科学的评价方法，对评价对象的工作能力、工作业绩进行定期和不定期的考核与评价。在网络教学管理平台中，师生双方均可互相评价、互相监管。同时，引入第三方监管机制（教务部门）对师生同时监管，既可以考核评价教师日常教学活动的开展、课件资源的上传、师生日常的交流情况，又能够对学生完成课程进度、日常考试、教师评议、学业完成情况进行考核评价，在一定程度上督促师生双方有序地进行教学活动，保证教学顺利开展。

二、网络教学模式在高校体育教学中的应用

（一）网络技术在高校体育教学中的应用发展的特点

网络技术应用于高校教学的快速发展和变化，是以网络技术为核心，通过运用网络平台实现高校师生之间教学辅助功能的过程。与传统模式下的高校体育教学相比，高校体育教学的信息化、智能化是计算机网络技术、信息技术高速发展的必然结果。学校开展体育网络化教学，需要建立一个完善的体育教学管理系统，包含体育教学管理系统、体育教学资源管理系统及体育课堂教学的网络管理系统，从而营造基于互联网的信息化、智能化的体育教学环境。丰富的体育教学信息资源提高了网络技术的应用效率，能够有效地整合各个方面的

体育教学资源，实现高校体育教学信息资源的及时整合与分享。通过网络技术可以及时对高校体育教学资源进行更新，及时满足体育教学知识更新的需求，为高校体育教师和学生提供丰富的体育教学资源，提高学生自主学习的积极性。在高校体育教学中，使学生突破被动“灌输式”的教育方式，学生可以根据自身需求设定符合自己特点的学习目标，从而极大地提高体育教学过程中学生自身的积极性。在这种新的体育教学环境中，体育教师不仅仅是传统体育教学中知识的教授者，也是学生自主学习过程中学习的引导者，丰富了师生之间的交流渠道，方便了学生学习过程中教师的指导。此外，这种模式极大地丰富了体育教学形式，拓展了学生在体育课堂之外的学习环境，营造了不受时空限制的体育教学环境。总之，对高校体育教学模式进行改进，有利于高校体育教学质量和效益的提高，而传统模式下的体育教学也能够得到开放性的发展。网络技术在体育教学中的应用使得体育教学形式日趋多元化，高校体育教学过程中环境更加自由，为学生提供了更加方便接受体育教育的教学形式。

网络技术应用于高校体育教学，使得高校体育教学更加适应时代发展的需求，这也是现代信息化社会发展对高校教学发展的现实需求。网络技术应用于高校体育教学提高了高校体育教学的学习效率，这也是网络时代背景下学生接受的学习知识的方式之一。体育知识的更新频率高、时效性快，将网络技术运用到高校体育教学之中，可以及时让学生接收到最新的体育科学知识信息。

网络时代的到来使得网络技术得以飞速发展，各大高校越来越多地采用网络技术进行网上选课及教学管理。高校体育教学管理工作的智能化发展离不开网络技术的支持，运用网络技术开发的教学网络管理系统为高校体育教学繁重的管理工作带来了巨大帮助和改善。通过体育教学网络管理系统的运用、建设，及时掌握学生体育课程的选课情况信息，方便高校教师结合所教授的体育专业课程及时进行教学计划的调整，更加有效地应对高校体育教学的需要，全面详细地掌握本校体育类学科教学过程中教学资源的分配情况，并对本校体育教学的相关数据信息做出更加准确的统计。体育教学网络系统可以根据管理员、教师、学生等操作人员的身份及功能需求的不同，来进行不同功能使用权限的分配，保障体育教学网络管理系统的正常运行。管理员掌握整个系统数据库的安全操作权限，其中学生拥有查询自己考试成绩及管理选课等权限，体育教师则可以通过使用网络教学管理系统，及时了解体育教学所需的有关信息，并对所教授学生的学习进度与成果进行了解，从而方便教学计划的顺利实施。

新的网络时代背景下的体育教学环境更加致力于发展学生个性、培养学生终身体育学习能力、促进学生综合素质的发展，从而最大限度地发挥网络技术对体育教学资源的作用，构建良好的体育教学环境，为实现终身体育做贡献，对实现全面育人和终身体育的目标有着重要意义。

（二）网络技术在高校体育教学中的应用策略

1. 体育信息化背景下高校体育教学改革的需要

高校体育教育是高等教育的重要组成部分，而高校现代化体育教学又是高等教育现代化发展重要组成中的关键环节。同时，高校体育教学在大学生接受高等教育的过程中肩负着全面提高高校学生身体素质的重要使命，对现代化素质教育发挥着重要的作用。网络技术在高校体育教学中的应用为改变传统模式下高校体育教学提供了技术上的支持和保障，同时也为高校体育教育工作者未来信息化教学的发展带来了难得的机遇。网络技术应用在体育教学中，并与其他学科进行多学科教学辅助整合后的教学方式得到了迅速发展，并且受到了学术界许多专家学者及高校体育教师和学生的认同，在网络技术运用于高校体育教学的过程中展现出其特有优势。与此同时，高校体育教学工作者在体育教学过程中，通过将网络技术融入传统体育教学过程中来设计新的教学模式，使网络技术更好地服务于高校体育教学的需求，对高校体育教学的现代化发展起到良好的辅助作用。将网络技术应用到高校体育教学管理的工作中，可以有效地促进高校体育教学管理效率的提升，为高校体育教师与学生提供了良好的教学科研环境及更加便捷的交流途径。未来一段时期，网络将从根本上改变原有的高校体育教学模式，更加有效地整合高校体育教学资源，极大地推动高校体育教学的现代化发展。

建立和完善高校体育教学网络技术应用平台的环境，需要加大高校计算机硬件设施的投入，加强高校校园网中体育网的建设。良好的高校体育教学网络技术平台环境是建设现代化高校体育教学的基础，其中包含了标准化的网络技术设施和系统化的教学软件。随着网络时代背景下网络技术的快速发展及高校已经基本普及的网络多媒体教室和大量的体育教学网络应用软件，高校体育教学网络技术平台的应用环境得到较好的硬件保障，具备良好的教学环境可以促使高校体育教师在体育教学中更好地应用网络技术来完善高校体育教学。

随着当前网络时代背景下网络技术的发展与广泛应用，网络技术给高校体育教学带来的影响越来越深刻，应用网络技术的体育教学网络平台受到了广泛关注。在高校体育教学中应用网络技术，营造对软件和硬件建设的良性教学环境也有要求，如果不具备良好的体育教学软件和网络硬件教学环境的支持，那么在体育教学的过程中就发挥不出应有的教学效果。高校应加大对高校体育教学软件开发的力度，使之可以更好地为高校体育教学提高优质的服务。高校体育教学中运用多媒体网络教学离不开体育教学网络资源的支持，丰富的体育教学课件和教学素材是未来高校体育教学的保障，高校应及时对体育教学所需的网络教学资源库进行更新，增加体育教学所需的相关课件，对体育教学所需数据信息资料进行教学共享。高校体育教学网络资源库的建立为高校体育课程提供了充足的体育教学课件，为体育教学课件的自主设计提供了丰富的体育教学素材，而且体育教学网络资源库的建立也拓展了学生的学习途径。高校体育多媒体教学网络资源库的建立和完善离不开高校体育教师对体育教学资源的制作和搜集，需要多方面的支持，应及时建立有效的激励机制提高积极性，使广大师生积极地加入体育多媒体教学网络资源库的建设中来。高校之间应加强合作，实现体育教学资源库的共享，及时对优秀的体育教学资源进行收录，并建立长期稳定的教学合作和共享关系，进而加强高校体育教学网络资源库的建设。

2. 改进传统体育教育模式，提高教学管理的质量和效率

在高校体育传统的教学模式中，多数是体育教师课堂讲述的形式，其中大多依赖于体育教师的板书及静态投影图等单项式教学。这种传统的教学模式形式和方法都比较单一，使得高校体育课程的教学效果受到了局限，没有得到充

分的发挥。网络多媒体技术是集各种网络信息载体平台于一体的技术，通过网络技术把图文及视频动画等影像进行体育教学信息的整合，是网络技术应用于高校体育教学的重要表现方式之一。网络多媒体技术在体育教学中的应用，从而辅助高校体育教学，已经得到了高校体育教师的广泛认可。在高校体育教学中应用网络多媒体技术，可以针对高校体育教学的特点发挥其特有的优势，结合不同体育教学中实际教学网络软硬件设施的具体情况，应采用相对多样的体育教学课件制作软件进行网络多媒体课件的制作。这些方法的运用有利于节约教学成本，提高高校体育教师工作效率，改进高校体育教学的质量。其中，在高校体育教学中，体育理论课程教授的各项运动技术的理论与方法及动作理论分析，还包括运动技能的教学步骤与方法和影响成绩因素的分析，都需要有与之相应的图像解析和相应的视频教学，这样不仅能极大地提高学生课堂学习的积极性，还能增强课堂上体育教学的效果。网络技术的运用可以使体育教学中，及时选取最新的优秀赛事中运动员的数据材料和视频做教学示范，这将能够较好地调动学生学习过程中的积极性。在体育教学过程中运用情境式的教学使得体育教学的效果成倍增加，利用网络多媒体技术对体育教学进行科学处理是高校体育教学现代化发展的重要表现。体育教学智能化的管理涉及高校体育教学的方方面面，体育教学网络信息化管理可以加快体育教学工作的进度，提高高校体育教学工作效率。高校体育教学管理还包括高校体育教学资料和文档的智能化管理，当前高校体育工作中存在着一些单调、烦琐、重复的细碎工作，如高校举行校园运动会，从校园运动会的报名准备、赛程编排，到各项赛事的成绩记录及对应的统计分析。随着现代网络信息技术的快速发展，基于高校体育教学的实际需要，应对高校体育教学管理所需要的软件加强开发和运用，从而推动高校体育教学智能化管理的发展。现代化的高校体育教学不应仅仅局限于传统模式的体育教学方式，尤其在这个网络技术飞速发展的时代，网络技术应用于高校体育教学已经成为未来高等体育教育发展的必然趋势。网络技术在体育教学中的运用有效地突破了时间与空间的限制，弥补了传统体育教学中所使用的纸质教材的不足，极大地拓宽了学生体育学习的知识面，拓展了新的体育学习方式，丰富了高校体育教学内容，强化了高校体育教学效果，增强了学生在体育教学中自主学习的积极性，提高了高校体育教学的教学效率。

高校体育教学有其独有的特性，由于体育教学中体育运动项目的种类比较多，不同的运动项目运动技术相应也有所不同，在不同运动项目和运动技术的教学中都需要体育教师进行相应动作的示范。由于自身随着年龄增长等原因，高校体育教师对于体育教学中一些体育运动技能的动作示范能力有所降低，不能保证每个动作都能做得符合标准。网络技术在体育教学中的运用，有利于克服体育教师自身因素的限制，引用与相关体育课程所需的体育运动项目的标准进行示范，并整合运用到教学中。这样不但不会因为体育教师自身年龄增长、身体技能的退化而受到影响，反而可以更好地利用体育教师本人对该运动项目多年的体育教学实践经验，达到更高标准的体育教学水平。网络多媒体技术能够将不同运动项目的技术动作全方位地展现在体育教学课堂上，同时还可以对相应的体育运动项目中的细节动作进行细致的分解教学。通过视频动画的视角转移、每个时间点的定格等，给学生在运动项目每个时间段多个视角的视觉呈现，保障学生对所学的体育运动项目每个细节的学习都有科学直观的认识，激发学生进行体育学习的兴趣，提高高校体育教学的效率。网络信息技术作为体育教学技术的一种，其被广泛地应用到高校体育教学的课程之中，以促进高校学生对体育知识的学习。在当前高校体育教学过程中，不能一味地只对单一体育学科的相关的体育知识、运动技能进行教学。在如今知识信息迅速更新的时代背景下，为了更好地提高高校的体育教学的效率，应该考虑将体育教学的课程与其他学科的课程进行整合。

由于计算机网络技术与网络多媒体技术的迅速发展，新的网络信息技术不断被运用到高校体育教学的课堂之中，与体育教学的课程相结合，出现了许多新的现代化的体育教学模式和学习方式。多学科间的课程整合就是把与课程相关的交集部分进行教学内容的辅助融合，在体育教学过程中运用教学技术融为一体的体育教学理念。这对高校体育教学有很大的帮助，在体育理论课程的教学中，通过集合网络多媒体技术进行课程的设计，能使体育理论的教学过程变得形象生动，同时能够提高学生在体育课堂上的学习积极性和课堂学习效率。网络技术的运用可以使体育教学中各项体育运动技术的分析更加细致准确，在高校体育教学中运动训练过程中对学生的体能监测十分重要，网络技术的运用促进了高校学生体能监测的科学化，通过网络技术及时反馈出每个学生在运动训练中的负荷等相关数据并加以合理系统的分析，从而达到体育教学过程中科学化的训练效果。体能监测借助于先进的网络信息技术可以使体能监测标准化，对体育教学过程中运动训练及时进行科学数据分析，并对相关的数据进行准确的保存，有助于历史数据的统计和分析研究；使高校体育教学中运动训练计划更加合理化，从而对体育教学中运动训练的全过程进行跟踪，包括对训练的目标和制订的训练计划及实施训练的目标实现等。高校体育教学在保障学生掌握一定的运动技能的基础上，发挥学生自主练习的积极性，使训练的过程更加科学有效。

3. 加强网络运用在体育教学中的普及与相关师资队伍建设

高校体育教师是高校体育教学过程中的指引者和实践者，其是否具备现代化的教学技术运用理念，直接影响到高校体育教师自身的教学行为。高校体育教学中网络技术的应用使传统模式下的体育教学理念和方式都发生了转变，有效地促进未来高校体育教学的改革和推动高校体育教学现代化的发展。高校体育教师在高校体育教学中运用网络技术辅助教学，需要突破传统体育教学理念的束缚，不断促进高校体育教师体育教学理念的提升，这有利于高校体育教师在网络教学技术等专业技能方面的提高，有效地建立现代化的体育教学教育理念，使高校体育教师将网络技术应用于体育教学过程中，对体育教学的效果以及教学模式和方法的提高有准确积极的思想指导。因此，高校体育教学中体育教师对网络技术在高校体育教学中所发挥的具体作用，要用准确的高校体育教学理念进行指导，才能在高校体育教学中提高高校体育教学效率，有效保障高校体育教学质量和高校体育实现现代化教学。网络技术全面应用于对高校体育教学中对体育教学智能化的发展、高校体育教师工作效率的提高和学生学习效率的提高产生了极大的推动作用。网络技术在高校体育教学中的应用，可以有效地发挥其特性来提升高校体育教学的效果，使高校体育教学发展符合当前信息化社会现代化发展的需要，为高校的体育教学效率提高提供保障。

网络技术应用于高校体育教学，使得高校体育教师的教育职责不仅仅停留在体育课堂教学上，网络技术的运用拓宽了体育教师在课堂之外与学生交流的渠道，使得高校体育教师在课堂之外的时间可以方便快捷地解答学生在体育课程学习中遇到的问题。高校体育教师应及时对高校体育教学的网络素材库进行完善建设，为高校体育教学提供一个良好的网络支持平台和体育教学环境，这些都需要体育教师彻底转变传统模式下的体育教学理念，从而促使高校体育教师熟练掌握运用网络技术于体育教学中的方法。现代化的体育教学技术对高校体育教学中学生的学习有积极的促进作用，能够更好地增强未来高校体育教学效果。实现这些，需要高校体育教师把现代化的体育教学技术合理地应用到体育教学实践中，为网络时代下高校体育教学建立一个体育教学多媒体网络平台，为高校大学生自主学习和合作交流提供良好的学习环境，从而更好地培养高校大学生的创新能力和合作精神。

高校应及时建立完善的体育教学网络技术管理激励制度，为高校体育教学更好地应用网络技术提供完善的保障体系。高校体育教学管理制度应跟随网络教学技术的不断发展进步，及时更新有关新网络技术应用的管理规定，从而不断完善高校体育教学管理体系。高校为保障现代化体育教学技术的运用，需要重视高校的教学网络管理系统，及时采取应对措施，完善体育教学网络管理系统。要及时建立高校体育教学现代化教学技术运用的有效激励制度，如设立行之有效的奖励措施，并纳入高校评定考核体系之中，积极利用网络多媒体技术制作的体育教学课件开展教研活动。对优秀的体育教学课件及时给予相应的奖励，充分调动高校体育教师在体育教学中运用网络技术的积极性，使高校体育教师及时掌握最新的现代网络教学技术，从而积极促进高校体育教学现代化的发展。

第四章 运动训练的原理与方法

第一节 运动训练的理念及发展创新

一、运动训练理念

（一）教育性训练理念

1. 教育性训练理念的内涵

在运动训练过程中，教练员要重视对运动员的文化教育和素质培养，并注意强调这一方面的重要性，从而使训练和教育紧密地融合，达到训练与教育相结合、相协调、相促进的效果，这对于促进运动训练效果的提高具有积极的作用。

2. 教育性训练理念的理论基础

教育性训练理念的理论基础是多方面的，为了对这一理念有一个更加深入、全面的了解，从以下两方面来介绍其理论基础：

（1）运动员的健康成长与自身文化教育水平有密切的关系

运动训练是一种社会活动，这一社会活动能否顺利进行，主要取决于教练员、运动员、管理人员和科技人员等相关人员是否能够积极参与运动训练活动，并在活动过程中密切配合。由此可以看出，教练员与运动员这两个运动训练中的主体的知识水平是影响竞技运动发展的重要因素。现阶段，在运动训练过程中，运动员主体性难以得到充分的发挥，而且运动员文化素质的培养也没有得到应有的重视，所以导致以往运动训练中出现了一系列的不科学的现象，具体表现为以下几方面：训练方法与手段单一，过分强调身体素质、技战术修养、心理素质等的训练，轻视了对运动员文化和人文素质的培养，使得大部分运动员在激烈竞争的训练和比赛中显得力不从心。这就在很大程度上制约了运动的发展，并且导致运动出现滞缓现象。

（2）运动员运动水平的提高与其自身的文化素质水平相关联

现代运动的较量，主要表现在体能、技能、心智能力等几方面的较量。在某些条件下，心智能力要比体能、技能更重要，尤其是随着运动员年龄的增长，心智因素的影响就表现得更为明显。一般情况下，具有较高运动智能的运动员，之所以能够大幅度提高自身的竞技能力，除了由于能够较为深刻地把握运动的特点和规律，并且能够更准确地认识运动训练理论和方法外，还因为能够对教练员的训练意图有更正确的理解，在高质量地完成预定的训练计划中能够与教练员完美配合。与此同时，更准确地把握运动战术的精髓和实质，在比赛中灵活机动地运用战术，动员和控制自己的心理活动等也是高智能运动员竞技能力水平较高的重要因素。

（二）人文操作性训练理念

1. 人文操作性理念的内涵

运动训练中，人文操作性理念的内涵主要从以下四方面体现出来：①强调对运动员的尊严与独立的重视；②对运动员思想与道德的关注；③对运动员权利的关注；④对运动员生存状况与前途命运的关注等。

2. 人文操作性理念的理论基础

人文操作性训练理念的理论基础同样是多方面的，下面主要从三方面来介绍人文操作性训练理念的理论基础。

（1）人的行为的实施在一定程度上受到其自身感知或信念体系的指导

人的行为受其自身感知或信念体系的影响。从人文主义、感知经验主义的角度来说，人之所以能够有行为，主要是因为有人的感知或信念体系的指导。从人本主义的角度来说，所谓的人文操纵的方法，就是教练员或领导者必须按照他们的信念体系和他们要领导的运动员或人员的信念体系来认识领导工作。

（2）运动水平的提高，基础性的要求是与自然规律和价值规律相符合

运动是自然规律和价值规律的双重存在。现代运动训练要求讲求科学性，并且符合该项目运动的客观规律。因此，为了取得理想的训练效果，在进行运动训练时，不仅要符合科学规律，而且还要在追求目标与实现目标的过程中符合人类正常的价值规律。除此之外，不仅要体现人文特征，而且还要将科学性与人文特征相结合、相统一，从而达到真与善的统一。

（3）人的主体性是人文的重点，人与技术的关系因此而更加明确

人文不仅凸显了技术的灵动，而且也摆脱了"技术"对"人"的控制，这就明确了人的主体性及人与技术的关系。运动训练的过程就是教育的过程，教育重视的是发展内在动力，行动力是由内在动力引导而来的。

（三）技术实践性训练理念

1. 技术实践性理念的内涵

在运动训练过程中，运动员的训练不仅要符合运动训练的一般规律，而且还要符合竞技项目的本质特征及规律。运动员本身具有双重性，他们不仅是技术的主体，同时也是技术的客体。技术的物质手段作为客体，与作为主体的主观精神因素是统一的。

2. 技术实践性理念的理论基础

下面主要从两方面来介绍技术实践性理念的理论基础，同时这两方面也是运动员在运动训练中要注意的两个要点。

（1）技术实践性理念要与事物的客观规律相符

技术实践性的基本要求就是求真。具体来说，就是运动的技术实践性的训练要符合事物的客观规律，也就是说运动要与运动项目的本质特征及规律相符。所谓的求真，就是在运动训练过程中，要以运动的本质特点和规律为主要依据，科学地指导运动训练过程，力争做到结合实际，并且与事物的客观规律相符合。

（2）技术实践性理念要遵循从实际出发的原则

在现代运动训练中，一切都要以符合实战为主，从实际出发和结合实战是

对技战术进行训练最有效的方法。运动员只有通过不断的练习，才能够在比赛中有轻松、熟练和优秀的表现。要想取得理想的比赛成绩，一定要做到积极训练，并且训练要与比赛的情况尽可能一致，最大限度地包括比赛过程中出现的所有因素，这样才能取得良好的训练效果。

二、运动训练理念的发展创新

（一）运动训练的理念需要创新思维

回顾运动训练理念的发展，人们不难发现，运动训练理念一直是在科学理论与实践经验的不断冲突和碰撞过程中得到丰富和发展的。科学理论与实践经验的不断冲突和碰撞激发了竞技体育活动过程中的创新思维。在竞技体育活动中，研究者通常把研究对象的顺序、原理、属性、结构、大小等因素通过改变常规思考和处理方向，从而引发创新的理念。例如，力量训练方法中“正金字塔”与“倒金字塔”训练方法的应用、速度与耐力训练过程中组数与次数的逆变性组合都会对运动训练产生一定的影响；田径径赛规则在田赛比赛中运动员轮次的变化也深刻地体现了逆变的色彩与效用。徐福生改变足球传统技术训练的教材顺序，从相对较难的运球技术入手，以过人突破技术为核心的侧变思维使得足球技术的掌握明显加快；球类项目中诸多类似“扬长避短”“攻其不备”和“黑马奇兵”的战术变化，都是通过部分改变对象的顺序、原理、属性、结构、大小等因素或者是融合了其他思想而引发的创新思维，对竞技体育发展起到了推动作用。

（二）运动训练理念的变化发展

运动训练活动是一种开放的物质活动，总是在不断地拓展和深化，并不是原有物质活动的简单重复，因而必然会产生新情况，涌现新问题。作为训练活动的指导思想也不是一成不变的，当原有的运动训练理念不能有效地阐释新情况和解决新问题时，就要求对运动训练理念进行创新，对运动训练的本质、规律和发展变化的趋势做出新的理论概括。在不同的时期和阶段，随着项目发展的形势和变化的需要，运动队和运动员的具体情况和特点各不相同，训练理念也在不断变化。这种变化反映了人们在使自己的思想符合客观实际，以形成正确的指导思想，促进训练的发展。不过，理念的主观形式与客观实际的统一也不是绝对的，而是相对的，因为人们的认识只能相对地逼近客观实际，而不可能穷尽客观实际。事物的发展变化是相对的，不以人的主观意志为转移。随着运动训练实践的进一步发展，原来与客观实际相统一的理念又变得不那么一致了，并且差距越来越大，于是又需要创新。在当代科学技术快速发展并向竞技运动训练大规模介入和渗透的背景下，运动训练发生了深刻和巨大的变化，教练员的训练理念也在不断进行着补充与更新。实践已经证明，一个运动员成绩的快速提高，乃至一个运动项目水平的快速发展，往往都与教练员训练理念的补充和更新密切相关。科技的进步、经济的发展、社会的繁荣，为运动训练理念的发展提供了必要的条件，同时也催生出更新的运动训练理念，而原有的运动训练理念不会像人们所预言的那样进入衰退期甚至是衰亡期，而是经过一段时间的调整后，立足自身的优势，借鉴其他学科的长处，对自身进行有效的改造而获得新的发展。

第二节　运动训练的基本原理及原则

一、运动训练的基本原理

（一）运动训练的运动学基础

运动学基础主要指的是运动技能的基础。所谓的运动技能是指人体在运动中掌握和有效地完成专门动作的能力，也就是在准确的时间和空间里大脑精确支配肌肉收缩的能力。提高运动技能依靠人们对人体机能客观规律的深刻认识和自觉运用。

1. 人体运动系统的构成

（1）肌肉

肌肉组织主要由肌细胞组成，肌细胞为细长的细胞，故亦称肌纤维，是肌肉的基本结构和功能单位。每条肌纤维外面皆由一层薄的结缔组织膜包裹，称为肌内膜。数条肌纤维构成肌束，一个个的肌束表面也由肌束膜包裹。肌束再合成从外表看到的一块块肌肉，外面包以结缔组织膜，称为肌外膜。肌肉中，水分约占 3/4，另外 1/4 为固体物质（如能量物质、蛋白质、酶等）。

人在参加运动的过程中，其动力是由骨骼肌不断地运动来提供的，骨骼肌在神经系统支配下，收缩牵动骨骼，维持人体处于某种姿势，或产生人体局部运动，最终促进机体完成运动所需的各种动作。人体内脏器官的活动也离不开相应的平滑肌和心肌的作用。

骨骼肌是指附着于骨骼上的肌肉，是肌肉的一种。骨骼肌在人体内分布广、数量多，是运动系统的主体部分。人体内约有 400 块大小不一的骨骼肌，占体重的 36% ~ 40%。成年男性约占 40%，成年女性约占 35%。可分为中间庞大的肌腹和两端没有收缩功能的肌腱，肌腱直接附着在骨骼上。骨骼肌收缩时通过肌腱牵动骨骼产生运动。肌腱由排列紧密的胶原纤维束构成，肌腱内胶原纤维互相交织成辫子状的腱纤维束。肌腱的一端与肌内膜、肌束膜和肌外膜相连接; 另一端与骨膜紧密结合。肌腱本身虽无收缩能力，但能承受很大的拉伸载荷，而肌腹的抗张力强度远不及肌腱。

（2）骨骼

骨骼是由骨膜、骨质、骨髓及血管、神经所构成的，它以骨质为基础，表面被骨膜包裹，内部充满骨髓。骨是人体运动系统的重要组成部分，对运动员的运动训练起着至关重要的作用。但是骨的功能不仅仅体现在它的运动功能上，它还有支撑身体的功能、保护脏器的功能、造血的功能、运动的杠杆功能、储备微量元素的功能。

（3）关节

关节是骨与骨之间借助于结缔组织、软骨或骨的一种连接。借助它连接起全身的骨骼，从而对整个人体起到支撑和保护的作用，特别是人体的运动更加依赖关节的活动是否顺畅。

关节主要是由关节面、关节囊和关节腔组成的，辅助以韧带、关节内软骨和关节唇等结构。根据关节运动轴的多少和关节面的形状等因素，可以将关节分为单轴关节、双轴关节和多轴关节三种形式。也可以根据两骨间连接组织的不同，将关节分为纤维性关节、软骨关节和滑膜关节。

2. 运动过程中人体机能的变化

（1）比赛前后身体机能变化的基本过程

在运动训练的过程中，多重刺激源作用于运动员机体，引起各器官系统的机能发生一系列变化。依据机能表现形式，大致可分为赛前状态、进入工作状态、稳定状态、运动性疲劳和恢复过程五个阶段。

①赛前状态

运动员在训练前，某些器官、系统产生的一系列条件反射性变化称为赛前状态，赛前状态可出现在比赛前数天、数小时或数分钟。

②进入工作状态

在训练活动开始后，虽然经过了一定的准备活动适应，但是人体并不能立刻达到最高的水平，而是一个逐步提高和适应的过程，这一过程被称为进入工作状态，其实质就是人体机能的动员。

③稳定状态

当机体逐渐适应比赛时，则进入稳定状态，这时，人体的机能活动在一段时间内保持在一个较高的变动范围。

④运动性疲劳

机体在运动过程中会产生一定的运动能力暂时下降的现象，一般称为运动性疲劳。该现象是由运动训练负荷引起的一种正常的生理现象。适度的疲劳可以刺激机能水平不断提高，但发展到一定程度时就会出现过度疲劳，可能会造成机体损伤以致损害健康。

⑤恢复过程

恢复是指人体在运动之后，人体的各项生理功能恢复、能源物质补充、代谢物排出等一系列变化。运动时体内代谢过程加强，不间断地代谢以满足运动时能源的补充需要，在运动中及运动停止后能源物质都在不断进行补充和恢复，只不过运动中的能量消耗大于补充，运动后的体内能量消耗慢而小于补充。

（2）一次训练中身体机能变化的基本过程

人在运动的过程中，运动训练负荷作为一种刺激，必然会引起各器官系统机能发生一系列应激性反应。在运动训练前后，这些反应可表现为耐受、疲劳、恢复和消退等不同阶段。

①耐受阶段

在运动训练开始阶段，人体的各项机能会在一定的水平上维持一段时间，并不会马上表现出衰减或降低，这一阶段称为“耐受阶段”。在这段时间内，由于机体已经从上次训练课中得到不同程度的恢复，会表现出比较稳定的工作能力，能高质量地完成各项训练任务。训练的主要任务正是在这个阶段完成的。

②疲劳阶段

经过一定时间的运动训练负荷的刺激，人体会产生一定的疲劳状况，机能能力和效率都会逐渐下降。达到何种程度的疲劳深度，正是训练安排所要达到的目的。只有机体达到一定程度的疲劳，机体在恢复期才能发生结构与机能的重建，运动能力才能不断得到提高。

③恢复阶段

训练结束后，即进入了恢复阶段，机体开始补充所消耗的能源物质、修复和重建所受到的损伤并恢复紊乱的内环境。机体在恢复阶段恢复的速率，主要受两方面影响：一方面，身体的耐受阶段持续时间的长短，耐受阶段持续时间越长，则疲劳程度越深，恢复需要的时间就越长；另一方面，运动结束后能量的补充是否及时，能量补充越及时到位，则恢复的速度越快。

④消退阶段

超量恢复不会一直持续，它会随着时间的进行而逐渐消失，如果不及时在超量恢复的基础上施加新的刺激，已经形成的训练效果就可能会逐渐消退。

运动效果保持的时间和消退速率主要取决于超量恢复的程度，所出现的超量恢复现象越明显，保持的时间相对越长。因此，在安排运动训练的内容时，不仅应重视训练负荷安排的合理性，而且必须重视运动训练后的恢复，并在出现超量恢复后及时安排下一次训练。

3. 运动训练对人体运动系统的影响

经常参加运动训练对人体运动系统有着重要的影响，其影响主要表现在以下几方面：

（1）运动训练对肌肉的影响

参加运动训练能够充分地发展骨骼肌，使其肌纤维增粗，肌肉的体积增大，肌肉力量增加。该项运动能够使肌纤维中线粒体数目增多，肌肉中脂肪减少，从而减少肌肉收缩时的摩擦，即肌内膜、肌束膜、肌腱和韧带中的细胞增殖、增厚、坚实、粗壮；肌肉内化学成分发生变化，如肌糖原、肌球蛋白、肌动蛋白和水分等含量都有增加，从而使 ATP 加速分解，与氧的结合能力增强，有利于肌肉收缩，表现出更大的力量；可使肌肉中毛细血管增多，改善骨骼肌的供血功能。因此，经常参加运动训练的人的肌肉会显得发达、结实、健壮、匀称有力，收缩力强，运动持续时间更长。

（2）运动训练对骨骼的影响

青少年新陈代谢旺盛，在这一时期进行合理的运动训练，对骨的生长和发育有着良好的作用。经常参加运动训练，可使骨表面的隆起更为显著，骨密质增厚，管状骨增粗。这一系列骨形态结构的改变，使骨的抗压、抗弯、抗折断和抗扭转等机械性能得到提高。

骨的这种良好变化，与肌肉的牵拉作用有密切关系。肌肉力量的增加与骨量的增加有着显著相关性，且骨量增加部位与肌肉训练部位有关。当肌肉力量增大，肌肉收缩对骨骼产生的应力刺激可有效提高成骨细胞的活性。

（3）运动训练对关节的影响

定期适量的运动训练可以使骨关节面的密度增加，骨密质增厚，从而越发能够承受更大的运动训练负荷。由于运动训练项目不同，其对关节柔韧性所起到的作用也就不同。如乒乓球、羽毛球、篮球等项目，对参与者的急转、急停能力的要求极高，这就需要参与者拥有良好的关节柔韧性。同时，关节的稳固性和灵活性又是一对矛盾，因为肌肉力量大，韧带、肌腱、关节囊就会增厚，这对关节稳固性和防止关节损伤有很大好处，但这样又势必会影响关节的灵活性。所以，在进行运动训练时，运动者要处理好关节的这对矛盾。

（二）运动训练的生理学基础

1. 物质代谢

食物中包含多种营养素，人体从食物中摄取各种营养物质，经血液循环输送到各人体器官，通过相应的代谢为人体提供能量。糖、脂肪和蛋白质等营养物质经人体吸收后，人体的组织、细胞一方面通过合成、代谢构建和更新自身储存的能源物质，另一方面通过分解代谢（氧化分解）以产生能量。物质代谢主要包括以下几种：

（1）脂肪代谢

脂肪分解代谢产生的能量是长时间中低强度运动的主要供能物质。人体的肌肉组织中储存着少量的脂肪，在运动时产生一定的能量。当脂肪的动用（氧化）增加时，血浆中的游离脂肪酸即透过肌细胞膜进入肌细胞被氧化，而脂肪组织则水解成甘油和脂肪酸进入血浆中，以补充被消耗的游离脂肪酸。因此，脂肪首先是在酶作用下水解成脂肪酸和甘油来释放能量的。

（2）糖类代谢

食物中的葡萄糖经消化吸收后，汇集于门静脉，经肝进入血液循环，其中大部分运到各组织合成为糖原和含糖化合物，其中最主要的是到肝中合成肝糖原储存，一部分转变为脂肪和氨基酸，血液中保留的一部分糖称为“血糖”，另一部分直接供组织氧化利用放出能量，同时产生 CO_2 和 H_2O 并将其排出体外。糖的氧化分解是供应人体活动所需能量的主要来源，全身各组织都能进行这一反应。糖的氧化分解包括无氧分解和有氧氧化两种主要方式。从本质上来讲，这两种形式是同一过程在两种情况下（缺氧与氧供应充足）的不同反应方式，其反应过程在前一阶段是完全相同的，差别是在丙酮酸产生以后。糖的无氧氧化产生乳酸；氧供应充足时，丙酮酸继续氧化生成 CO_2 和 H_2O，并释放出蕴藏在分子中的能量。

（3）蛋白质代谢

蛋白质是人体生命活动的重要组成部分，也是人体重要的能源物质之一，与机体运动之间存在非常紧密的联系。它在调节机体各种生理功能中起着不可替代的作用。一般来说，蛋白质不能直接提供人体运动所需的能量，为人体提供能量只是蛋白质的次要功能，只有在某些特殊情况下，如长期饥饿、疾病或体力极度消耗时，人体才会依靠蛋白质氧化供能。但蛋白质分解代谢过程中能产生许多物质，对糖和脂肪的供能有着重要的作用，同时，蛋白质的分解代谢和合成代谢平衡是维持人体生命活动的基础。蛋白质主要参与实现人体代谢更新，由于其主要由氨基酸组成，因此，其代谢过程是以氨基酸代谢为基础的。蛋白质的代谢需要很多激素参与调解，如肾上腺素和甲状腺素能促进蛋白质的分解，表现为甲亢时，甲状腺素分泌增加，人体蛋白质分解增加，人体逐渐消瘦；当生长激素分泌增加时，人体蛋白质合成增加，肌肉健壮。

2. 能量代谢

（1）人体物质能量储备

人体通过消化系统摄取必要的能量物质，这些物质在人体中通过生物氧化反应，分解成一些代谢物，同时释放出大量的能量，这些能量通常大部分以热能的形式释放于体外，还有一部分则转化为化学能，储存在一种称为三磷酸腺苷（ATP）的高能磷酸键中，人体活动的直接能量就来源于三磷酸腺苷的分解，肌肉收缩需要 ATP 供能，消化管道的消化和吸收都需要 ATP 供能。ATP 的重新合成需要糖、脂肪和蛋白质的氧化分解供能。ATP 的再合成有多种途径，就其供能系统而言，主要有以下三种：

第一，磷酸原系统（三磷酸腺苷 - 磷酸肌酸，ATP-CP）。它是由细胞内的 ATP 和 CP 这两种高能磷化物构成，具有供能绝对值不大、持续时间很短的特点。但是，它供能快速，因为 ATP 是体内唯一的直接能源，所以其能量输出功率最高。

第二，有氧氧化系统。它是指在氧供应充分的条件下，糖和脂肪完全分解生成二氧化碳和水，同时生成大量的能量，使 ADP（二磷酸腺苷）再合成 ATP。有氧氧化系统能生成丰富的 ATP，不生成乳酸之类导致疲劳的副产品，它是人进行长时间耐力活动的主要供能系统。

第三，乳酸能系统。乳酸能系统又称为无氧糖酵解系统。它的能量产生是靠肌糖原的无氧酵解，最后产生乳酸，而放出的能量由 ADP 接受，再合成 ATP，它是机体处于缺氧情况下的主要能量来源。乳酸能系统对人体进行能量供应，它的作用与磷酸原系统一样，能在暂时缺氧的情况下迅速供能。

在进行不同项目的训练时，运动者应根据自身的年龄、身体条件及个人需要来选择适合的能量系统作为主导作用的运动项目，同时还要注意所选择的运动手段和项目的科学化。运动者除了选择有氧氧化系统的项目外，还可以适当选择乳酸能系统供能的项目，发展身体的无氧耐力。

（2）运动中三大供能系统活动的关系

在人体运动过程中，人体运动形式不同，则其不同的能量代谢系统提供能量的能力和速率也会不同。磷酸原系统和乳酸能系统都供应能量，但 ATP 和磷酸肌酸的最终合成及糖酵解产物乳酸的消除却要通过有氧氧化来实现。所以，肌肉活动所需能量的最终来源是糖和脂肪的有氧氧化。人体中磷酸原系统供能的绝对值不大，在运动中维持的时间也很短，但是能在短时间内快速作用。

总体来说，人体在运动过程中，各供能系统之间的关系与运动训练负荷的强度和持续时间密切相关。在 0 ~ 180 秒最大运动时，各供能代谢系统的基本活动主要表现为如下特点：在 1 ~ 3 秒的全力运动中，基本上由 ATP 提供能量；在完成 10 秒以内的全力运动时，磷酸原系统起主要供能作用；30 ~ 90 秒最大运动时以糖酵解供能为主；2 ~ 3 分钟的运动，糖有氧氧化提供能量的比例增大；而超过 3 分钟以上的运动，则基本上是有氧氧化供能。

随着人体运动时间的延长，供能物质由以糖有氧氧化为主逐渐过渡到以脂肪氧化为主。总之，人体在运动中，并不是由一个供能系统完成供能的，在有一个主要的供能系统基础上，其他的供能系统也会参与其中，共同完成人体运动所需要的能量供应。每个供能系统都有其独特的特点和供能能力，供能系统不同，所需要的能源物质也不同，运动中的输出功率和供能时间也会有明显的差异。

3. 运动与呼吸

运动员在运动训练的过程中，机体与外界环境之间的气体交换称为呼吸。呼吸系统包括呼吸道和肺，而呼吸道是一系列呼吸器官的总称，这些器官包括鼻、咽喉、气管、支气管。人体的呼吸过程由外呼吸、内呼吸和气体运输三个环节构成。

呼吸系统是氧运输系统的重要组成部分，其主要机能是实现机体与外界环境的气体交换，以使血液中的氧分压、二氧化碳分压、酸碱度维持在正常生命活动所允许的范围之内。人体通过肺实现与外界气体的交换，通过血液实现气体的输送和排出。人体在运动时，机体代谢旺盛，所需氧量及二氧化碳排出量明显增加，呼吸系统加强，所以运动训练（特别是耐力训练）必将使呼吸系统的形态、机能产生适应性变化。

呼吸肌主要是膈肌和肋间外肌。当膈肌收缩时腹部随之起伏，肋间外肌收缩时胸壁随之起伏。因此，以膈肌运动为主的呼吸形式称腹式呼吸，以肋间外肌运动为主的呼吸运动称胸式呼吸。成人的呼吸一般都是混合式的。呼吸形式与年龄、生理状态、运动专项等因素有关。在进行运动训练时，要根据动作的特点灵活转变呼吸方式。

4. 运动与心率

心率是运动生理学中最常用而又简单易测的一项生理指标。在运动实践中常用心率来反映运动强度和运动训练对人体的影响，并用于运动员的自我监督或医务监督中。成年人静息时心率在 60 ～ 100 次 / 分，平均 75 次 / 分，但随着年龄、性别、体能水平、训练水平和生理状况的不同而有所不同。

一般来说，人的心率会随着年龄的增长而有所减慢，至青春期时接近成年人的频率。在成年人中，女性心率比男性快 3 ～ 5 次 / 分。有良好训练经历或体能较好者心率较慢，尤其是优秀耐力运动员静息时心率常在 50 次 / 分以下。在运动的过程中，人的心率会逐渐加快，随着运动强度的增加，心率也会相应地增快，因此，心率也是判断运动训练负荷的一项简易的指标，能够在一定程度上反映运动员的体能水平及运动训练的水平。

二、运动训练的原则

运动训练的原则是运动员参加运动训练需要遵循的基本准则。这些原则是在长期的运动训练实践中积累起来的具有普遍意义的概念总结和有关科学研究的成果，反映了运动训练的客观规律。运动训练中运动员如不遵循这些基本原则，盲目地进行训练，不仅不能促进身心全面发展，获得良好的训练效果，反而易引起运动损伤或者运动性疾病，损害健康。下面对运动训练的基本原则进行具体介绍。

（一）竞技需要原则

竞技需要原则指根据提高运动员竞技能力及运动成绩的需要，从实战出发，科学安排训练的阶段划分及训练的内容、方法、手段和负荷等因素的训练原则。贯彻这一原则可使训练更好地结合专项的特点和专项竞技比赛的需要，提高运动训练的专项针对性、实战性和实效性，争取获得满意的竞技比赛成绩。

贯彻竞技需要原则，需要注意以下几方面：

第一，要围绕运动训练的基本目标，全面安排好训练和比赛。

第二，正确分析专项竞技能力的结构特点。每个运动项目由于其专项的特异性，决定了其竞技能力构成因素的差异性。对不同专项竞技特点和运动员竞技能力结构特点的分析，正是确定不同项目训练负荷内容的重要基础。

第三，依据竞技需要原则的要求，负荷内容和手段的选择是由不同专项竞技能力的主要因素与运动员自身的具体情况决定的。

第四，注意负荷内容的合理结构，因此，在训练过程中，在熟练掌握合理动作的基础上，应将主要精力放在如何更有效地提高体能水平上，以获得更大的力量、更快的速度和更强的耐力来实现竞技水平的不断提高。同时，对同一项目的不同运动员，还要求根据运动员自身竞技能力的特点和对手的特点，安排好心理训练的内容和手段。

（二）动机激励原则

所谓动机激励原则，指的是促使在运动员以个体为主的运动训练过程中，更好地激励其培养具备良好的运动训练动机和行为，在完成训练任务的过程中更加积极主动的训练原则。在运动训练中，要通过各种合理的途径和方法激励运动员主动从事训练。

遵循动机激励原则就是要不断激励运动员的运动训练积极性和主动性，培养其自我调控能力、独立的思考能力及创造能力。其有如下几方面的具体要求：

第一，要满足运动员的基本生活需求。实践证明，人们只有在基本的物质得到一定的保障之后，才会进行更高层面的追求。所以，在运动训练中，运动员的物质生活需求要得到一定的保障，同时还要注意其人身安全等。只有这样，才能更好地引导其形成实现自我价值的更高层次的目标和追求，才能产生良好的运动训练动机。

第二，要对运动训练的目的性和运动员正确的价值观进行培养，使其逐步形成自觉从事运动训练的态度和动机，引导其从不同的角度和层次认识参与运动训练的意义和价值，培养其正确的价值观。

第三，在运动训练中，要以运动员为主体。这就要求教练员在对运动员进行运动训练时，必须注意以下几方面：一是明确运动员的主体地位；二是要注意有意识地培养运动员独立思考的能力；三是要引导运动员提高和加强自我反馈的能力，培养运动员进行自我分析和评价的能力。

第四，在运动训练中，要选择科学的训练方式。对于过去那种简单、粗暴的“从严”训练方式，教练员要在正确认识和理解“从严”含义的同时，结合现代科学合理的方式对其进行调整和改变。

（三）适宜负荷原则

在训练过程中，要根据训练任务、对象水平与要求，科学合理地在各个训练环节中提高运动训练负荷量，直至达到最大负荷要求，这就是所谓的适宜负荷原则。因此，首先要以训练任务和对象水平及每个练习的目的、要求、负荷为主要依据来对运动训练负荷进行科学合理的安排。在训练过程中，运动训练负荷要经过加大—适应—再加大—再适应这样一个逐步提高的过程。

在球类运动的训练中，加大运动训练负荷，直至最大限度，首先要从训练任务和运动员身体状况、机能能力和训练水平出发，考虑运动训练负荷安排的合理性。训练过程的不同时期、周期、阶段及每一节训练课的任务都有所不同，运动员承受运动训练负荷的能力也不同，这主要反映在运动员承受负荷能力的大小和恢复的快慢上，以及对负荷强度和负荷量的承受能力上。因此，只有根据训练的不同任务和运动员的训练水平安排运动训练负荷，才是合理的。同时，在运动训练过程中，运动训练负荷的加大必须循序渐进。在加大运动训练负荷过程中要处理好负荷量和负荷强度的关系，掌握好负荷与恢复的关系。除此之外，需要注意的是，运动训练负荷的增加必须达到极限。因为只有极限负荷的刺激，才能将运动员机体的机能潜力充分挖掘出来，并且经过不断地训练形成超量恢复，才能够提高运动员的身体素质和运动水平，才能够达到参加激烈比赛、创造优异运动成绩的要求。

（四）周期安排原则

周期安排原则是指周期性地组织运动训练过程的训练原则。依运动员机体的生物节奏变化规律，竞技状态形成与发展的周期性规律，以及运动竞赛安排的周期性特点，按一定的动态节奏，逐步提高安排训练内容和负荷量度。

贯彻周期安排原则要掌握以下几点：

1. 掌握各种周期的序列结构

了解各种周期的时间构成及其应用范畴，对于教练员在训练实践中贯彻周期安排训练原则是一个必不可少的重要条件。

2. 选择适宜的周期类型

贯彻周期安排时，要考虑到选择适宜的周期类型。例如，确定年度训练的安排时是采用单周期、双周期还是多周期；第一周期的训练应该是加量周期、加强度周期还是赛前训练周期。

3. 处理好决定训练周期时间的固定因素与变异因素的关系

周期安排原则的依据是人体竞技能力变化和适宜比赛条件出现的周期性特征，其中，后者是决定训练周期时间的固定因素，前者则是变异因素。因为重要比赛日程的安排通常与某个项目最适宜的比赛条件的出现是一致的，而且通常在上一年度即已确定。尽管人体本身受着生物节律的影响，但它并非绝对不变，人们完全可以通过训练安排使其在特定的时间里表现出最佳的竞技状态。竞技状态的发展过程是可以由人来控制的，因此，教练员应努力做到有把握地调节这一变异因素，使之与特定的比赛日程安排相吻合。

4. 注意周期之间的衔接

把一个完整的训练过程划分成若干个较小的周期之后，人们往往会忽视各周期之间的衔接，主要表现在注重训练过程的阶段性而忽略了连续性。整个训练过程中不同时间跨度的周期组成了一个连续发展的过程，因此在具体的训练过程中应特别注意周期之间的衔接。

（五）区别对待原则

区别对待原则是指在运动训练中要根据运动员各方面条件及不同训练条件和不同训练任务等，有区别地确定训练任务，对训练方法、内容、手段和负荷有相应的安排。

运动员在身体条件、心理品质和个性特征等方面都表现出明显的差异，因此在训练中要始终遵循和贯彻区别对待的原则。贯彻区别对待原则，有利于发掘运动员的潜力，防止训练中个别人脱离整体现象，只有进行正确的区别对待，有的放矢地进行训练，才能取得良好的训练效果。

（六）直观训练原则

直观训练原则是一种非常重要的运动训练原则，它是依据直观性与动作技能形成的教学论原理所确立的大学生运动员必须遵循的准则。其主要目的是为了使这些大学生运动员能更有效地完成技术、战术和智力训练的任务。在教学过程中，直观性教学有很多种手段和方法，而且现代运动训练更强调直观性原则的运用。

运动训练中，尤其是训练初期，遵循和突出教学训练的直观性十分重要，具体来说，应注意以下几点：

1. 合理地选用直观手段

选用各种直观手段时要注意选择那些目的性最强、最有成效的手段，并必须明确所选的各直观训练手段所能解决的主要功能，并根据不同对象、不同运动项目和训练内容的特点，选择和应用有针对性的直观手段。

2. 根据运动员的个体特征选择直观手段

选择和运用符合运动员个体的特点及训练水平的直观手段，且对不同训练水平运动员在训练时，应采用不同的直观方法和手段，同时，还要注意采用不同的训练强度。

3. 运动训练中，应先进行直接示范

运动员达到一定的水平后，再通过录像、图解、直接观摩优秀运动员的表演和比赛等手段，同时结合清晰、准确、形象的讲解，以及教练员对运动员技术动作的观察分析，经过研究讨论，来启发训练者进行积极思维活动，并逐步找出体育运动的规律性。

4. 注意掌握运用直观手段的时机和方法

要根据不同年龄阶段运动员的感觉器官发育的敏感发展期的不同，合理地选择和运用直观手段。教师可用语言信号、固定的身体姿势或慢速动作，来加深运动员对空中的方位、肌肉用力情况进行体会等。

（七）系统训练原则

在现代运动训练中，只有坚持进行多年不间断的系统训练，才能对所要掌握的运动技能进行不断重复和巩固，才能完成运动技能系统化积累。另外，这种多年的系统性训练也是在现代竞技运动中获得优异运动成绩所不可或缺的一环。多年的系统训练和周期性训练是贯彻系统性原则的重要手段。

（八）适时恢复原则

适时恢复原则是指及时消除运动员在训练中所产生的疲劳，并通过生物适应过程产生超量恢复，提高机体能力的训练原则。在运动员疲劳达到一定程度时，应依照训练的统一计划，适时安排必要的恢复性训练，采取有效的恢复措施，使运动员的机体迅速得到充分的恢复和提高。

第三节　运动训练的方法及创新性探索

一、运动训练的方法

运动训练的方法有很多，具体要根据实际情况和需要进行有针对性的选用，以达到最佳的训练效果，下面介绍几种常见的训练方法。

（一）分解训练法

分解训练法指的是将完整的技术动作或战术配合过程合理地分成若干个环节或部分，然后按环节或部分分别进行训练的方法。在需要集中精力完成专门训练任务，对主要技术动作和战术配合环节的训练进行加强时，适合采用分解训练法进行训练，这样可使训练取得更好的效果。分解训练法有着自己的适用范围，主要适用情况包括技术动作或战术配合过程较为复杂、可予分解，且运用完整训练法又不易使运动员直接掌握的情况下，或者技术动作、战术配合的某些环节需要较为细致的专门训练。

单纯分解训练法、递进分解训练法、顺进分解训练法、逆进分解训练方法是较为常见的四种分解训练法类型。

（二）完整训练法

完整训练法指的是从技术动作或战术配合的开始到结束，不分部分和环节，完整地进行练习的训练方法。完整训练法的运用可以帮助运动员对技术动作或战术配合进行完整的掌握；良好地保持技术动作或战术配合的完整结构和各个部分之间的内在联系。

完整训练法具有广泛的适用范围，既包括单一动作的训练，也包括多元动作的训练；既有个人成套动作的训练，也有集体配合动作的训练。但是在不同的范围内运用时，要有所侧重。

（三）持续训练法

持续训练法是指负荷强度较低、负荷时间较长、无间断地连续进行练习的训练方法。练习时，平均心率应在每分钟 130 ~ 170 次。持续训练主要用于发展一般耐力素质，并有助于完善负荷强度不高但过程细腻的技术动作，可使机体运动机能在较长时间的负荷刺激下产生稳定的适应，内脏器官产生适应性的变化；可提高有氧代谢系统供能能力及该供能状态下有氧运动的强度；可为进一步提高无氧代谢能力及无氧工作强度奠定坚实的基础。

根据训练时持续时间的长短，可以将持续训练法分为短时间持续训练方法、中时间持续训练方法、长时间持续训练方法三种类型。

（四）间歇训练法

间歇训练法是指对多次练习时的间歇时间做出严格规定，使机体处于不完全恢复状态下，反复进行练习的训练方法。运动员在严格的间歇训练过程中，心脏功能能够得到明显的增强；通过运动训练负荷强度的调节，机体各机能与有关运动项目相匹配的适应性变化也会产生；通过不同类型的间歇训练，可以有效地发展和提高糖酵解代谢供能能力；通过对间歇时间的严格控制，可以使运动员在激烈对抗和复杂困难的比赛环境中发挥出更加稳定的技术动作；在较高负荷心率的刺激下，有利于促进机体抗乳酸能力的提高，从而能够保证运动员在较高强度的运动情况下仍具有持续运动的能力。

高强度间歇训练方法、强化性间歇训练方法及发展性间歇训练方法是间歇训练法的三种基本类型。

（五）变换训练法

变换训练法是在综合考虑实际比赛过程的复杂性、对抗程度的激烈性、运动技术的变异性、运动战术的变化性、运动能力的多样性及中枢神经系统的灵活性等因素的情况下提出的。所谓的变换训练法就是指对运动训练负荷、练习内容、练习形式及条件进行变换，以使运动员的积极性、趣味性、适应性及应变能力得到提高的训练方法。通过运动训练负荷的变换，能够产生机体与有关运动项目相匹配的适应性变化，从而使承受专项比赛时不同运动训练负荷的能力得到提高。通过变换练习内容，能够使运动员的训练更加系统，并使运动员的不同运动素质、运动技术和运动战术得到协调发展，从而使之具有更接近实际比赛需要的多种运动能力和实际应用的应变能力。

依据变换内容的不同，可以将变换训练法分为形式变换训练方法、内容变换训练方法和负荷变换训练方法三种类型。

（六）重复训练法

重复训练法指的是多次重复同一练习，并在两次（组）练习之间安排相对充分的休息时间的训练方法。采用重复训练法，多次重复同一动作或同组动作，经过不断强化运动条件反射的过程，有利于运动员对技术动作的掌握和巩固。通过相对稳定的负荷强度的多次刺激，可使机体较高的适应性机制尽快产生，有利于运动员身体素质的发展和提高。单次（组）练习的负荷量、负荷强度及每两次（组）练习之间的休息时间是构成重复训练法的主要因素。静止、肌肉按摩或散步是通常采用的休息方式。

依据单次练习时间的长短，可以将重复训练法分为短时间重复训练方法、中时间重复训练方法和长时间重复训练方法三种类型。

（七）循环训练法

循环训练法指的是根据训练的具体任务，将练习手段设置为若干个练习站，运动员按照既定顺序和路线，依次完成每站练习任务的训练方法。运用循环训练法可使运动员的训练情绪得到有效的激发，并且使负荷“痕迹”得以累积、不同体位得到交替刺激。每站的练习内容、每站的运动训练负荷、练习站的安排顺序、练习站之间的间歇、每遍循环之间的间歇、练习的站数与循环练习的组数是循环训练法的结构因素。运用循环训练法，可以使不同层次和水平的运动员的训练情绪和积极性得到有效提高；可以使运动训练过程的练习密度得到增加；可以随时根据具体情况因人制宜地加以调整，做到区别对待；可以防止局部负担过重，延缓疲劳的产生，对全面身体训练非常有利。在实践中，循环训练法中有“站”和“段”的说法，其中的“站”指的是练习点，如果一个循环内的站数中，有若干个练习点是以一种无间歇方式衔接，那么这几个练习点的集合可称为练习“段”。“站”和“段”是安排循环练习的顺序时应该考虑的。

以各组练习之间间歇的负荷特征为依据，可以将循环训练法分为循环重复训练方法、循环间歇训练方法和循环持续训练方法三种基本类型。

（八）比赛训练法

比赛训练法指的是在近似、模拟或真实、严格的比赛条件下，按比赛的规则和方式进行训练的方法。比赛训练法的提出有着一定的依据，包括人类先天的竞争和表现意识、竞技能力形成过程的基本规律和适应原理、现代竞技运动的比赛规则等因素。运动员全面并综合地提高专项比赛所需要的体、技、战、心、智各种竞技能力可以通过比赛训练法的运用而实现。

教学性比赛方法、模拟性比赛方法、检查性比赛方法和适应性比赛方法是较为常见的四种比赛训练方法。

（九）综合训练法

综合训练法是指把重复训练、循环训练、变换训练等各种训练法结合起来运用，或者在一组训练中安排各种技术训练、灵敏训练、力量训练等多种内容的训练方法。

在训练实践中，以上各种训练方法并不是单一的存在和使用的，因此，需要通过综合训练来灵活地调节运动员的训练负荷与休息，使其更圆满地达到训练要求，从而促进运动员运动素质和运动水平的全面提高。

综合训练法变化很多，组合多样，具体可以根据不同性别、年龄、身体状况、锻炼水平的运动员的需求进行适当的变化、调整，以期取得理想的训练效果。

随着现代科学技术的进步，运动训练方法从理论到实践不断推陈出新。目前，社会各界有识之士非常重视改变传统经验的训练法，借助新的科学理论，运用新的模式的训练方法正在不断被尝试和创新。

当前，随着竞技体育运动的发展、科学技术的进步及人们认知的不断提升，运动训练的方法正在向多样化的方向发展，训练方法日益多样化主要得益于运动员和教练员在运动训练方面积累了丰富的经验，他们总结了多种多样的训练方法来指导训练实践。现代运动训练更加注重实效性和技术完善。传统训练方法在运动训练中得到了保存，同时由于高科技手段的引进，新的训练方法在运动训练中不断得到应用，新的训练方法与传统的训练方法相结合，使得运动训练更加科学、有效，正因为如此，才促使运动员不断突破极限，在比赛中不断刷新纪录。

二、运动训练方法的创新性探索

时代在发展，科技水平在不断提升，运动员的竞技水平、训练的层次和维度也在相应地提高，这就对训练方法提出了新的要求。

（一）破旧立新

所谓破旧立新，就是要打破原来固定的训练方法，从训练手段、训练思路等方面入手寻找新的训练方法。例如，教练员平时要经常对自己的训练方法加以审视，看看自己的训练方法是否已经成为一种思维定式，是否已经过时，是否对运动员训练到一定程度就难以再有提高了，是否训练水平落后于形势的发展，等等。许多陈旧的方面必须通过创新来改变其面貌、改变其效益，从而增强训练效果。立新要以创造性思维去思考、解决各种问题，去寻找新的突破口，开辟新途径，去发现新的思路、观点、方法、手段等，才能获取新的成效。

（二）逆向思维

训练目标、训练计划、训练方法等内容往往容易习惯依据传统观念、经验和权威人士的意见来思考，容易将自己框定在一定的模式中去思考、解决问题，逐渐形成了思维定式，慢慢抹杀了创新思维及创新方法的思路。要充分认识到，要适应现代形势发展，就要善于转换思维方式方法，善于用逆向思维法去突破传统的观念、经验或权威人士的束缚，突破陈旧的思维定式，去开创、形成新的思维模式，激励自己树立新思想、新观念，总结新经验，开创新的训练思路，进行新的训练决策等。

（三）克弱转强

运动员在训练过程中，要善于主动地寻找自己的弱点、缺点或不足，并将其作为探索研究的基准点，努力攻克它，使弱转化为强，从中获得创新的成功。假如在训练中，采用某一训练方法而得不到预期的效果，这并非教练员训练方法的问题，而在于自己的训练方式，这时应该对训练方法加以深入剖析，找出其不足或落后的方面，并加以弥补、修正，或创造出新的训练方法。通过克弱转强法，使训练出成效。

（四）移花接木

现代知识的综合运用程度越来越高，新成果大量地涌现，知识的渗透力越来越强，综合聚变效应也越来越强。要善于将其他学科中的原理、规律、方法等移接到本领域的运动训练理论体系中去，进行巧妙的衔接，创造出新的高效的训练原理、规律、方法等，从而有效地促进自身学科的不断发展与壮大，提高训练效果。如“系统论、信息论、控制论”移接到体育各个领域中已发挥出巨大的效果，有力地促进了体育科学的发展。

第四节　运动训练负荷的科学安排

一、运动训练负荷的基本知识

（一）运动训练负荷原理

运动训练中的最终训练目的是促进运动员身体素质水平、运动水平的提高，要想实现这一最终目的，就要在运动训练过程中使运动员不断承受和适应训练负荷，促进其机体的运动能力和对外界（运动训练负荷）的适应能力的不断提高，这就是运动训练负荷原理。

运动训练过程中，运动员会承受一定的外部刺激，运动员机体在生理与心理方面承受的总刺激便是运动训练负荷，机体承受刺激时表现出来的内部应答反应程度可以反映运动训练负荷。

运动训练负荷有其自身的特点，它具有目的性和选择性，即一定的功能特点；运动训练负荷还具有渐进性、极限性和应激性，随着运动训练负荷水平的提高，训练适应水平也会相应地得到提高。运动训练负荷与运动成绩之间密切相关，这主要从对应性和延缓传导性上体现出来。

运动训练负荷种类繁多，每种负荷都有自己独特的含义，因此必须准确掌握各种运动训练负荷的概念和特性，对运动训练负荷进行科学调控，调控时需注意运动训练负荷的综合性、实战性和动态性，并需结合具体个体进行，注重运动训练负荷的定量与等级。

（二）运动训练负荷刺激及机体机能的变化

运动训练负荷刺激主要是指运动训练负荷对机体的刺激，人体活动时所表现出来的力量、耐力、速度、柔韧和灵敏素质等不是根本原因（本质），而是运动的结果（表象）。在运动训练中，机体对训练负荷刺激所做出的反应表现在两方面，即生理反应和心理反应，我们通常所说的运动训练负荷指的是生理负荷，就是指机体在生理方面所承受的运动训练刺激。

运动训练的过程也可以看作一个不断对人体施加运动训练负荷刺激的过程，在这一过程中，人体各器官系统将发生一系列反应。这些反应特征主要表现为耐受、疲劳、恢复、超量恢复和消退等机能变化。

在运动训练过程中，机体的负荷刺激变化主要会经历以下几个阶段：

1. 耐受阶段

耐受是运动训练初级阶段机体对运动训练负荷的刺激反应，是机体接受运动训练负荷刺激后身体机能变化和反应的第一个阶段。运动训练负荷强度和运动员训练水平会影响这种耐受能力的强弱和保持时间的长短。这一阶段，应以体能训练为主。

2. 疲劳阶段

在承受一定时间的运动训练负荷刺激之后，机体机能和工作效率会逐渐降低，即出现疲劳现象。具体来说，运动员训练到何种疲劳程度及耐受多长时间以后疲劳取决于训练课的目的。实践表明，训练过程中，运动员只有达到一定程度的疲劳，才能提高运动能力，才能在恢复期获得预期的超量恢复效果，从而促进机体机能的增强。

3. 恢复阶段

训练结束后，在补充和恢复阶段，机体主要是补充训练过程中所消耗的能源物质，修复所受到的损伤并恢复紊乱的内环境，使机体各器官系统的机能恢复到运动前水平，以完成机体结构与机能的重建。机体疲劳的程度决定了恢复所需时间的长短。

4. 超量恢复阶段

超量恢复，又称“超量代偿”，是关于运动时和运动后休息期间能量物质消耗和恢复过程的超量恢复学说，由苏联学者雅姆波斯卡娅提出。超量恢复指的是在运动结束后，运动过程中所消耗的能源物质及降低的身体机能不仅可以得到恢复，而且会超过原有水平。通常来说，运动训练负荷量越大，强度越大，疲劳程度越深，超量恢复越明显，但切忌过度训练。

5. 消退阶段

一次训练结束后，如果不及时在已获得的超量恢复的基础上继续施加新的刺激，那么已经产生的训练效果在保持一段时间后就会逐渐消退，机体机能又会下降到原有水平。因此，要想保持长久的运动训练效果，就要求运动员必须在上一次训练出现超量恢复的基础上对下次运动训练做出及时的安排。

二、运动训练负荷的科学安排与调控

（一）运动训练负荷的定性与定量

1. 运动训练负荷的定性

（1）训练负荷的专项性

训练负荷的专项性指训练负荷要与运动员的训练水平和比赛要求相符。运动训练过程中，训练负荷的练习分为运动专项练习与运动非专项练习。其中，运动专项练习是提高运动员专项运动技战术水平的直接因素，只有加强运动专项训练，才能为运动员运动实战水平的提高奠定良好的基础。

（2）训练动作的复杂程度

训练动作的复杂程度是专项运动训练中客观存在的内容，是运动训练中运动训练负荷定性的一个重要方面。运动训练实践中，动作复杂程度决定着训练负荷的大小。区分训练动作的复杂程度是控制运动训练负荷的依据和需要。

需要指出的是，由于运动训练中，运动员的许多技能动作并不能预定，必须根据场上对手的表现临时做出选择性反应，因此，目前对此要做出量化评定具有较大的难度。

（3）训练负荷的生理改善

确定运动员运动训练时机体工作的供能系统是为训练负荷定性的内容之一。研究表明，系统的运动训练中，ATP-CP 和糖酵解供能约占 80%，糖酵解和有氧代谢约占 20%。因此，运动员应结合运动专项的训练要求和特点，选择采用无氧代谢，或是有氧代谢，或二者的协调配合来进行训练，也就是以实际情况为依据合理安排训练。

2. 运动训练负荷的定量

（1）内部负荷指标

内部负荷指标指由于运动员在训练过程中进行各种身体、技战术训练，训练的负荷使运动员有机体内发生一系列生理和生化变化，内部负荷的指标能比较科学、准确地反映有机体在负荷时产生的各种变化，有利于教练员根据这种变化去掌握和控制训练过程，安排训练负荷。

运动训练中，使用内部负荷的指标来测量负荷的方法比较常用。血压、心率、血乳酸、尿蛋白、氧债、血红蛋白、最大吸氧量等是常用的指标。

（2）外部负荷指标

外部负荷指标又称“负荷的外部指标”或“外部负荷”，包括负荷量和负荷强度两个指标。在运动训练中，负荷量的各个指标测定的方法比较简单。机体对负荷强度刺激所引起的反应比较强烈，能较快地提高机体各器官系统的机能水平，所产生的适应性影响较深刻，消退较快。在运动训练中，测量负荷强度的各个指标比较复杂，所以难度也比较大。

目前，对运动员外部负荷指标进行测量，一般通过记录技战术训练的时间、训练次数、训练难度、训练的激烈对抗程度等方法。

（二）不同负荷的判别

运动训练期间，当运动员的运动训练内容、训练手段的特点相当稳定时，有机体机能能力表现出来的动态变化就能够被明显地观察到。因此，可根据训练实践中运动员有机体机能活动性的动态变化来对训练负荷的大小进行判别。

运动训练负荷的大、中、小可以客观地按照机体恢复的时间进行判别。研究表明，训练负荷的大、中、小与有机体内环境的稳定性的变化紧密相关，并且能具体反映到恢复过程的时间上。小负荷与中等负荷后，机体恢复过程的时间通常是几十分钟或几个小时；大负荷后，一般需要较长的时间才能实现机体的恢复。

在运动训练中，应结合实际情况来对运动员的训练负荷大小进行判定，具体可以根据生理学和生物学的指标来判别，也可以采用其他相对间接且客观的指标进行判别，不管使用哪种方法，都要保证准确地判定训练负荷。

（三）运动训练负荷的特点与注意事项

1. 科学安排运动训练负荷的特点

科学安排与调控运动训练负荷就是以更科学、更合理的方法安排运动训练负荷，从而实现运动训练水平和运动成绩不断提高的目的。对训练负荷的科学安排需要遵循负荷、应激与恢复原理，竞技状态的形成与科学调控原理，周期性与节奏性原理，以及竞技能力的训练适应原理等。简单来说，科学调控运动训练负荷就是在训练过程中，教练员根据训练的任务及运动员的个体情况，按照人体机能的训练适应规律，以大负荷为核心，坚持长期、系统和有节奏地安排运动训练负荷。

2. 科学安排与调控负荷的注意事项

（1）不同训练阶段采取不同的调控方法

根据负荷因素的基本特征，在训练初期，为了使运动员尽快进入运动状态，通常以增加负荷量的方法来尽快实现运动员机体的适应。在专项训练阶段，常以提高负荷强度刺激的方法来加深运动员的机体适应过程。

（2）选择合理的负荷的内容和手段

教练员应按照不同运动项目、训练内容、训练手段的负荷特征和不同训练任务选择好相对应的训练内容、手段和方法。对运动员而言，其参与的具体竞技运动项目不同、训练目的不同，所安排的训练负荷应有所区别。

（3）对负荷方案进行最佳综合设计

在运动训练过程中，教练员要根据各对应性负荷结构的特征及相互间的关系，进行负荷方案的最佳综合设计。特别是要注意负荷量、负荷强度与总负荷，内部负荷与外部负荷，生理、心理与智力性负荷，以及训练负荷与比赛负荷的综合设计。

（4）按照运动员个体特点确定运动训练负荷

教练员要通过科学的训练诊断，对运动员的个体特点加以了解，对符合其个体特点的个体负荷模型进行科学确立。

（5）注意负荷安排的长期性、系统性

在进行运动训练时，要根据连续负荷中疲劳的正常积累与过度疲劳之间的关系，对多年、年度、周及每一次课的训练过程的负荷进行对应的安排，使不同训练阶段的运动训练负荷都能够连贯起来，促进运动员运动水平的逐步提高。

（6）重视运动训练负荷的节奏性

教练员要把大负荷训练与减量训练结合起来，使之形成最佳的负荷节奏，进而促使运动员取得最佳的运动成绩。

（7）合理增加运动训练负荷

根据训练任务和训练对象，逐步、有节奏地加大运动训练负荷，直至最大限度，但在竞走运动训练过程中，运动训练负荷的安排不宜过大，应以提高单位训练时间里最大的效益为准则。运动训练负荷的增加应当在运动员适应了原有负荷的基础上进行，只有这样才能取得较好的训练效果。

（8）注意处理好负荷量、负荷强度与总负荷之间的关系

教练员要按照运动项目特点、训练和比赛任务、个体特点等因素，以总负荷的要求为基础，确定好负荷量和负荷强度的最佳组合。突出强度是高水平竞走运动员负荷安排的重要特征。但注意应从实际情况出发，负荷强度和负荷量应合理搭配。

（9）重视恢复

训练水平的提高离不开对训练负荷的合理安排，没有恢复，也就没有新的负荷安排。在运动疲劳之后，人体的恢复时间有所不同，恢复时间过长或过短都不利于提高身体素质和技战术水平。应注意掌握运动员训练后不同恢复阶段的时间、个体负荷的极限能力、承受极限负荷后的恢复时间，以及各训练过程的负荷性质、适宜的间隙时间和恢复方式，并根据这些要点来对大负荷训练进行安排。训练之后，还应注意采用多种手段来帮助运动员消除疲劳。

（10）做好运动训练负荷监测和诊断工作

教练员应在运动训练过程中根据运动训练负荷的构成因素及运动训练负荷

的可监控性特点，正确地确定各运动项目的各训练内容、手段和训练方法，以及不同运动员个体的运动训练负荷监控指标体系，建立科学的运动训练负荷监控、诊断系统和诊断模型。

第五章　专项身体素质理论及训练方法

第一节　专项特征

一、专项特征的定义与构成

专项特征是指一个运动项目在比赛规则的允许下，以获得最大的运动效率为目标，在力学、生物学等方面表现出的主要运动特点。

通常专项特征包括分为技战术、体能、心理和环境等方面，每一个方面又由不同的因素构成。从训练学的角度分析，竞技运动项目的特征包括三个不同的层次：一般特征、项群特征和专项特征。三个不同层次的项目特征在范围上并没有质的区别，其主要差别在于对项目特征解释和描述的程度上。

项目间的差异，并不是总能体现在所有的项目特征上，如技战术、体能及心理等，尤其是对同一属性的运动项目来说，它们的差异可能更多地集中于某一个项目特征中。

二、专项特征的确定

各运动项目的性质可以从各个不同的方面和角度去确定，而且一个项目的性质以不同的标准确定可以有多重性。但其特征的确定需要找出区别于其他项目的特别显著的标志。训练中确定运动项目的特征通常包括四个方面。

（一）各运动项目比赛规则规定取胜的主要因素

以竞技体操为例，我国体操界广大教练员、科研人员、运动员通过多年的探索，多数认为竞技体操项目的显著特征是“难、新、美、稳”，这是竞技体操比赛规则规定的取胜的主要因素。

（二）运动项目的主要供能系统

在体能类项目中，经常以主要供能系统确定项目的特征。例如，田径 100 米跑主要特征是 ATP 供能，因此训练中提高运动员的无氧代谢能力，发展速度是最为重要的。

（三）运动项目的技术结构和主要环节

任何一个运动项目的动作技术都有其特殊性，具有不同的技术结构和主要环节。动作技术的结构主要指动作是由哪些部分构成的，动作技术的主要环节是在构成动作技术的若干部分中，对完成动作、决定成绩最具影响的部分。

（四）运动项目对运动素质的特殊要求

在举重项目中，若仅仅依照运动素质的特殊要求就确定其是力量性项目，并非十分严谨。因为从比赛动作抓举和挺举两项来说，它需要的力量是全身协调用力的速度性力量，或称爆发力量，而不是单纯的最大力量，这也是该项目比赛动作技术对运动素质的特殊要求。因此准确地说，举重项目的特征，其实是全身协调用力的速度力量性项目。

三、专项特征研究的发展趋势

对专项特征的认识是一个逐步深入的过程，它不仅取决于教练员自身的认识能力，而且在相当大的程度上依赖着科学技术和研究方法的发展。新理论的出现可以为项目特征的认识开辟新的视角，新技术和新方法的问世能够促进认识程度更加深入。当前，在专项特征的认识上出现了以下几方面的发展动向和趋势：

（一）由宏观向微观的发展

从运动训练的角度分析，任何一个运动项目的特征都有一般与专项、宏观与微观之分。宏观的项目特征是从一般或项群共性的角度把握训练的方向，微观的项目特征则是从一个专项的角度指导运动员的训练。如果错误地将一般或项群的项目特征视为本项目的专项运动特征，就不能准确地给运动项目定位，对项目的了解始终处于模糊的水平，甚至会失去训练的方向。

诚然，任何一个事物的发展都需要宏观和微观的指导。宏观的理论可以透过复杂多变的因素把握发展的方向；微观的认识可以对具体的方法和措施进行调整和操作。从竞技训练的角度分析，运动训练的整体发展或某一类项目的发展确实需要宏观理论的指导，但是，对一个具体运动项目的训练来说，迫切需要的，是对项目的运动特征和训练规律进行微观、具体和有针对性地了解和认识，从众多细节中提取出专项的特征，只有这样才能够真正为专项的训练提供有价值的信息，促进专项运动水平的迅速提高。

专项特征绝不能只停留在宏观的认识程度，而应该深入专项之中，从多个角度和层面解析专项的特点，提炼出能够反映专项运动本质的规律，这样才可以准确把握专项训练的脉络，提高训练效率。

（二）由外在到内在的发展

对项目特征的认识不能仅停留在专项运动的外在形式上，而必须深入神经与肌肉的内在运动水平。运动项目的表面外在特征只能反映运动的结果，而造成这种结果的原因主要在于机体的运动系统和能量供应系统，肌肉在神经支配下的收缩及在收缩过程中对能量的需求。在运动训练中，只有深入了解神经肌肉系统的工作情况，才能选择正确和有效的训练方法，只有充分掌握运动过程中能量代谢系统的运转规律，才能制定出符合专项特点的训练负荷。

对内在专项特征细节的了解和掌握，有助于提高运动训练的针对性和有效性。了解不同肌肉在专项运动中的参与程度和工作方式，可以帮助人们制订出有针对性的力量训练计划；掌握不同供能系统对专项运动的不同支持作用及它们之间的关系，可以提高耐力训练的效率；对不同供能系统恢复特点的了解，能够帮助教练员把握和控制训练的负荷。

对专项内在特征的深入认识，是提高专项训练效率的重要条件。与外在运动形式不同，内在专项特征的把握是从神经—肌肉的工作方式和用力程度的层面上解决训练的专项化问题。因此，对专项内在特征的认识程度在很大程度上代表着竞技运动训练的科学化水平。

（三）由静态到动态的发展

专项运动的时间或距离是专项的一个重要特征，它从总体上反映了专项的运动特点，是运动员和教练员制订训练计划的主要依据。但是，时间和距离等指标是对专项特征的总体描述，是专项运动的结果。从运动分析的角度来看，结果并不等同于过程。结果是过程的集合和终点，过程是结果的内容和原因；结果是静止固化的，过程是动态可变的。在运动的过程中，无论是外在的速度、角度和节奏，还是内在的肌肉收缩和能量供应，都随着运动时间的持续而变化，所以，与结果相比运动过程包含的信息量更加全面，反映的问题更加深入。因此，对专项特征的理解和认识，应该更加重视运动的过程，从过程的动态变化中深入和详细地了解项目的“运动”特征。

专项特征动态描述的另一个作用，体现在对专项运动技术过程的全面了解。以往对专项技术特征的描述往往忽视了体能的存在，主要是对专项主要技术环节的运动学或动力学标准特征的分析。然而，这种标准的“最佳技术模式”并不能全面和真实地涵盖整个专项运动过程中技术的变化。对于几乎所有的运动项目来说，运动员都不可能始终以同样的技术动作完成比赛，随着运动员体力的消耗，运动技术必然发生改变，这种改变在很大程度上反映了专项能力的水平。

从整体上来看，负荷时间和强度是各个竞技运动项目的共性，在比赛距离或时间相对固定的情况下，取胜的关键主要集中在速度和速度的保持能力上。在这个过程中，运动员的机能能力势必影响到专项技术的发挥，体能与技术之间的相互影响和作用始终贯穿于整个专项比赛的过程之中，技术与体能的这一互动关系在很大程度上同样应归属于专项技术特征的范畴。

第二节　体能与专项能力

一、体能

体能是运动员竞技能力的重要组成部分，也是运动技能表现的必要条件。科学合理的体能训练，能够提高运动员的竞技能力和改善运动员的身体形态，使之更加适应专项运动和技术的需要，从而达到提高运动水平的效果。同时，对提高运动员预防伤病的能力和恢复能力也有积极意义。毫无疑问，体能训练越来越得到各级运动队教练员的高度重视。体能训练研究也成为目前我国体育科研的热点研究领域，成为众多运动训练学专家所关注的焦点。

（一）体能相关概念辨析

目前，经常见到一些和体能相似的词汇，比如体适能、体力、运动能力、体质、运动素质等。其实，这些词汇的概念与体能概念有很大的不同，如果不清楚它们之间的区别，就无法对相关的理论问题进行深入的研究。

1. 体能与体力的区别

体力是人体活动时所付出的力量。一般理解为机体整体的抗疲劳能力，它是体能的重要组成部分之一。体力是与耐力密切联系的概念，但它又不能完全等同于耐力。人们经常谈到的体力，一般是指身体整体的耐力。

体能与体力的主要区别在于，体能不仅内涵上（与体力有所不同，它指的是运动员运动能力与对环境适应能力的结合体），而且外延要大于体力，体力涉及的身体抗疲劳能力仅是其适应运动需要的一个方面的能力。

2. 体能和运动能力的区别

运动能力是身体在运动中表现的活动能力，包括一般活动能力和竞技运动能力。

体能与运动能力的区别，主要表现在概念的层次关系上，体能是运动能力的上位概念，也就是说，体能包括运动能力，它比运动能力涉及的内容要多，如体能还包括运动员对比赛环境的适应能力。

3. 体能与体质的区别

体质是指人体的健康水平和对外界的适应能力，是在遗传性和获得性基础上表现出来的人体形态结构、生理功能和心理因素的综合的、相对稳定的特征。其包含的范畴综合起来如下：①身体的发育水平，包括体格、体型、体姿、营养状况和身体成分等方面；②身体的功能水平，包括机体的新陈代谢状况和各器官、系统的效能等；③身体的素质及运动能力水平，包括速度、力量、耐力、灵敏度、协调性，还有走、跑、跳、投、攀登等身体基本活动能力；④心理的发育水平，包括智力、情感、行为、感知觉、个性、性格、意志等；⑤适应能力，包括对自然环境、社会环境及应激原的抵抗能力等。体质侧重点在于先天遗传表现出来的基础的生理和形态结构，是一种比较稳定的、先天性的基本的身体素质和内在心理的倾向，在静态中表现出来的一种机能的特质。

体能是体质的下位概念，即体质包含体能，是体质的一个主要方面，是体质的前提和基础，是体质在一定范围内的延伸。体能侧重于运动员的运动能力和运动适应能力，是有机体各器官、系统的机能在肌肉活动中的反映，是人体机能在动态中表现出来的特质。在评价方式方面，体质好坏，用一个精确的“标准”是不可能完成的，而体能是生理机能的外在表现，是身体物质做功的能力，体能水平的高低可以有速度、力量、耐力、灵敏度等身体素质等计量指标。在运用方面，体能主要应用于运动训练研究实践中，而体质则侧重应用于遗传和医学等方面。

4. 体能与运动素质的区别

运动素质是体能的外在表现，是体能的构成因素之一，属体能的下位概念，也是运动实践中评价和检查体能水平的常用指标。体能与运动素质既有联系，又有区别。运动素质是指运动员具备的力量、耐力、柔韧性等。

体能概念涵盖的内容更广，既有运动素质，又有运动员对比赛环境的适应能力。所以，专项训练中，体能训练是从整体、全局的角度，运用各种有效的训练手段和方法，提高运动员的专项运动能力和对比赛环境的适应能力，使运动员的身体形态、机能水平和运动素质在同一个体中实现最优配置，达到提高竞技能力的目的。运动素质训练主要偏重于速度、力量、耐力、柔韧性等能力的提高。

（二）体能特点

目前，体能训练已成为各个运动项目竞技能力训练的主要内容，但由于教练员对体能本质特征的认识存在差异，因此，体能训练效果也不尽相同，所以，揭示体能的训练特点很有必要。归纳起来体能的特点有特异性、时间局限性和不均衡性。

1. 体能的特异性

体能的特异性，又称为专项性。从不同运动项目中挑选相同年龄阶段的运动员进行最大吸氧量和最大氧债值实验室测定，所得数据较为一致，但若再用专项负荷进行测验就可发现，其结果与实验室资料比较差异很大，说明体能存在着特异性，即专项性的特点。

体能的获得是通过采用专项特有的手段训练的结果，即使用非专项的手段来获得，也必须符合该项目的要求。其生物学机制在于适应过程的专项特异性，这是现代竞技运动中保证运动技术水平的一个特征。适应性反应的专项特异性不仅表现在身体素质和植物性神经系统能力的发挥方面，而且表现在心理因素的发挥方面，特别是在完成紧张肌肉活动，又必须用意志来加强工作能力这一方面。

2. 体能的时间局限性

某一种体能水平只能保持相应的时间，这就是体能的时间局限性。体能的产生过程即是运动员有机体的适应过程，任何适应过程都存在着两种适应性反应：一是急性但不稳定的，二是长久的相对稳定的。急性适应性反应产生的体能，取决于刺激的大小、训练水平及其机能系统的恢复能力。由专项强化训练所获得的体能虽然目的很明确，但并不表示有极大的稳定性。因为这种适应性反应是通过高强度的专项负荷产生的，是以超量恢复为其表现特征的，并不建立在各种器官和系统的肥大、变异的基础上，即生物学的形态改造上。这就导致体能存在着时间局限性。

虽然相对稳定的适应性反应是建立在各器官、系统的形态改变基础上，但是各运动专项的特点是随着专项成绩水平的提高而变化的。即使在某一时期已形成较为稳定的体能，但随着专项特点的改变，原有的体能将不再能满足未来专项特点的需要，因此也表现出时间局限性。

3. 体能的不均衡性

体能的不均衡性表现为已获得的体能不可能在较长时间的工作过程中维持同一水平。这是因为，任何肌肉活动都是依靠有机体的能量供应系统的工作保证的。能量供应系统存在着无氧系统和有氧系统。无氧与有氧系统工作时，机制迥异，动员的器官系统也不相同。虽然这一工作过程发生在同一机体上，但相互之间有着一定的独立性。在维持较长时间的工作时，虽然有着主导供能系统支撑工作，但还是要依靠互相的交替和补充。这时，各供能系统之间存在着“衔接”的问题。由于每个供能系统的发展并不完全一致、整齐划一，因此必然会产生总能量供给的波动状态。

（三）影响体能发展水平的主要因素

体能发展水平的高低，受运动素质、形态结构、机能水平、心理品质和适应能等多种因素的影响。

1. 形态结构对体能的影响

人体的形态结构影响体能发展水平的高低。

通过发展肌肉的力量练习，肌肉的横断面增大了，肌肉的重量体积增加，运动员的体重增加了，形体发生了变化，在投掷运动中，增加了运动员动作过程中的动量。在动作速度、动作技术等基本不变的条件下，人体动量增加，器械出手时的速度就增加，从而器械就能飞行更长的距离。足球、篮球等项目中运动员肌肉体重的增加，就增加了在同等动作速度条件下的动量，提高了在短兵相接时的对抗能力，包括合理冲撞能力。

关节、韧带包括形体等形态结构通过训练发生了有利于支撑能力的变化和提高，就能直接提高支撑能力，如举重运动员肩关节、肘关节通过训练在额状面和矢状面内发生了能够充分伸直的变化，就能减少直臂支撑杠铃时的水平分力，增加向上支撑杠铃时的垂直分力，提高运动员支撑杠铃时的力量。同样的道理，运动员的“O”形或“X”形腿通过训练有所改变，也能提高人体由下蹲状态向上起立时的负重能力。

通过训练运动员心脏的心室或心房的肌肉出现运动性增厚，肺脏呼吸肌增加，等等，这些形态结构的变化，导致心脏每搏血液输出量增加，尤其是承担最大运动负荷时，心脏血液最大输出量增加，这就直接有利于人体承受最大运动负荷时氧气和营养物质的供应、代谢物质的还原和消除等机能能力的提高，从而有利于体能的提高。

2. 人体的机能对体能的影响

人体的机能包括承担负荷量的能力、承担负荷强度的能力、承担总负荷的能力、恢复能力、免疫能力、可塑性、体能动员发挥能力等，这些能力的大小直接影响体能的大小。

承担负荷量、强度、总负荷能力的高低是衡量和评定体能高低的主要指标和标准，其中任何一项能力指标的上升或下降都是体能提高或下降的标志，其中任何一项指标提高了，即标志着体能相应提高了。

恢复能力，尤其是以大强度为主的大负荷训练后的恢复能力是近代运动训练中越来越重视的主要训练指标之一，提高恢复能力是最重要的研究课题之一。这是因为恢复能力大小或高低直接决定体能能力、竞技能力提高的幅度、速度及最终达到的高度。大负荷刺激后，身体产生不适应反应，恢复能力强的运动员产生新的训练适应的能力就强，可塑性就大，包括体能在内的各项竞技能力因素提高就快。

适应能力、免疫能力也是对体能的高低起决定性影响的因素之一。该能力的稳定提高对体能的提高和发挥都起着保证和促进作用。对训练负荷、训练比赛等体内外环境适应性差的，对流行疾病免疫力低的运动员体能的稳定性必然差，训练的系统性必然缺乏必要的保证。另外，体能的动员发挥能力也是体能的重要组成部分之一。体能水平基本相同的两名运动员，谁的动员发挥能力强，谁就能获胜，这也是比赛中最普遍的现象。

3. 心理能力、技能等竞技能力因素对体能的影响

在运动训练和比赛中，运动员的体能不但与形态结构、机能、运动素质等因素或与这些因素的潜力直接相关，而且与能否把这些可能性和潜力充分协调组合、充分发挥表现出来的心理能力、技能，甚至是战术能力等竞技能力的组成因素的能力大小密切相关。

在各个运动项目中，尤其是在体能类运动项目中，经常能见到一些运动能力，甚至形态结构较好的运动员，由于承受心理压力和抗外部干扰能力较低，或动作技术不尽合理，不够稳定巩固，造成体能能力或其潜力得不到应有的发挥，运动成绩往往还不如一些体能能力及潜力与自己基本相同、基本相近甚至稍低而心理素质和技术水平发挥较好的对手。

4. 比赛环境对体能的影响

体能就身体本身而言，具有贮备性和潜在性。如主观不情愿或客观受限制，则体能不能得以展现和发挥。其一，主观能动性如何。主观上可以调控自身能力释放的总量和强度，因此思维指令是决定体育发挥的关键因素。其二，神经中枢的兴奋状态怎样。精神振奋与萎靡不振势必有截然相反的体能表现。其三，意志品质等心理特征怎样。体能的施展是一种体力的耗费，在许多情况下是一种艰难甚至是痛苦的生理过程，其中意志品质的作用是相当重要的。其四，对变化的外界环境的适应能力如何。外界环境的变化，势必引起机体的应答反应。体内的这些变化，就会连锁地影响体能的发挥，适应能力强，机体调节快，则能应答自如，宛若平常。

综上所述，一定的体能水平或潜力，必须具有相应的心理能力和技能等做保证才能相应或充分地发挥出来，才能构成竞技能力中的体能优势，才有实际意义。因此，在体能训练中，不但要切实抓好体能三大组成部分的训练提高，而且还要认真抓好心理能力、技能水平的改善和提高。

5. 形态结构、机能和运动素质的相互关系

形态结构制约机能的发展和提高，机能能力制约运动素质的发展和提高。

因此，体能训练内容和训练安排，不仅要最终落实到运动素质的发展和提高上，还要相应兼顾到形态结构、机能的提高和发展，这样才能使体能训练收到事半功倍的效果。例如，肌肉的肌腹长，肌腱短而粗壮，去脂体重大，肌肉的放松紧张能力强等。肌肉的形态结构条件好，就预示着肌肉的收缩能力强，发展潜力大；机能的发展提高快，潜力大；力量、速度等运动素质发展潜力大，最终体能提高快、水平高。

形态结构制约机能，机能制约运动素质的发展，形态结构、机能等体能因素水平的高低必须通过运动素质的高低表现出来才有实际意义，才能促进体能，进而促进竞技能力的提高。

在运动实践中，一些运动员的形态结构、机能能力均不错，而运动素质水平相对不高，导致体能上不去，或水平不高，最终导致竞技能力和运动成绩的水平受到限制。有些运动员的形态结构或机能能力并非很好，运动素质却能上得去，表现出很高的体能水平和竞技能力。

二、专项能力

专项能力与运动员专项运动紧密相关，它是能直接促进专项成绩提高的一种特殊能力。对运动员而言，其竞技能力的充分发挥，主要依靠对运动成绩具有决定性作用的专项能力的强化训练，挖掘其体能和技术的潜力，这样才能有效促进运动成绩的快速提高。专项能力训练的目的是根据运动员现有条件，将个人身体素质转化为专项竞技所需的能力。不但练习内容要依运动员训练水平、技术状况、训练时期、年龄及生理、心理特点而定，而且其动作时机、速度、顺序、路线、幅度及身体姿势等时间和空间特征也应尽量接近于比赛技术动作，或尽可能满足专项竞技和比赛的需要。因此，专项能力训练是将运动员身体机能和身体素质转化为专项实战能力的重要桥梁，在实践中往往是取得高水平运动成绩进一步突破的关键环节。

（一）专项能力的定义

一个未受过竞技运动专业系统训练的人也许同样具备很好的肌肉力量，但是他在任何一个运动项目的比赛中都不可能达到高水平，其原因就在于他拥有的力量不是专项所需的力量，专项能力达不到专项运动员的水平。

专项能力指运动员在特定专项领域所具备的竞技能力，是提高专项训练水平和专项运动成绩所具备的最直接的竞技能力。专项能力主要包括专项运动素质、专项运动技术、专项战术意识和战术能力、专项心理品质及专项运动智能。专项能力的高低直接决定着专项训练水平和专项运动成绩的好坏，专项能力的提高必须通过长期系统的训练才能实现。

（二）专项能力的训练

在各个项目的训练过程中，都必须处理好专项能力与一般能力的发展关系，合理安排好两种能力训练的内容和训练时间的比重。在多年训练过程中，随着训练水平的提高，专项能力的训练应逐渐占主导地位。

1. 强化“专项”在训练中的核心位置

在运动员多年训练过程中，一般能力和专项能力的发展在比例上并不是等同和不变的，而是随着年龄和专项成绩的提高不断地发生变化。一般来说，在基础和初级训练阶段，一般能力的训练占有重要位置，而随着年龄和运动成绩的提高，专项能力的训练比例逐渐增加，直至进入高水平训练阶段后成为训练的核心。

在过去的训练过程中，人们过于强调训练的“多样化原则”，在运动员进入高水平训练阶段后仍然采用大量分解和局部的训练手段和负荷发展运动员的专项能力。在这一训练思想的指导下，恰恰忽视了专项本身作为一种专项训练手段对专项能力发展的作用，没有认识到完整的专项练习是集机体各种不同能力于一身，从生理、心理到技战术等多方面对机体构成最全面和最适宜刺激的训练手段，致使以突出整体和综合性为主要特征的专项能力得不到有效的发展。

这一专项训练旨在强化“专项”在训练中的核心位置，以提高专项成绩作为训练的最终目标，从运动训练的生物适应理论出发，最大限度调动和发挥机体的专项潜能，在科学训练思想的指导下强调和突出不同运动能力的协作和整体发展。完整和高强度的专项训练对高水平运动员尤其重要。运动员进入高水平训练阶段后，各项身体素质及它们之间的协作已经达到很高水平，某一局部运动能力的改善不仅很难使专项成绩得到提高，而且有时还会影响整体的发展。

此时，只有运用完整和高强度的专项练习手段才能在更加接近实际比赛的环境下，充分挖掘那些与专项密切相关的器官和系统的潜力，从整体上促使不同素质之间、各种素质与技术之间以及心理、环境等因素与技战术的发挥之间的协作更加均衡和稳定。另外，体能类项目的特点也决定了“专项”在训练中的核心作用。当运动员进入高水平训练阶段之后，运动成绩的进一步提高很大程度上依靠“体能”的改善才得以实现。分解和局部的训练在训练负荷上难以达到“专项”的训练效果，显然无法有效地提高专项能力。但是，我国部分体能类项目的训练表明，至今完整的专项练习手段作为专项训练的核心内容无论是在理论认识上，还是在训练实际中均处于滞后状态。它导致我国相当一部分高水平运动员尽管拥有出色的身体素质条件，却无法在专项技术中得到充分展现。

2. 进行接近完整技术和完整技术的分项练习

完整和高强度专项练习的训练，体力与神经能量消耗大、恢复慢，训练中反复次数不能多，课次也不能密集，在整个训练过程中所占比例要恰当。所以在训练中还应采用接近完整技术和完整技术的分项练习。

在将专项作为发展训练能力的重要手段的同时，还必须注意到训练的负荷，尤其是强度。强调完整的专项训练并不意味着盲目增加训练的强度，过高的训练强度并不能解决专项训练水平问题，甚至还可能妨碍专项能力的发展。运动员在长期大且低强度的训练中很难获得突出的、接近比赛强度的刺激。

3. 提高训练强度

传统的周期训练理论曾对运动训练产生过较大的影响，但已不能完全适用于现代高水平竞技体育研究。在旧的训练模式的指导下，一些教练员片面地理解训练“量”与“质”的关系，机械地认为数量的堆积是获得训练质量的前提，简单地将由训练量引起的机体疲劳作为衡量训练效果的指标。这种以“量”为主构成的训练，即使是运用了非常“专项化”的训练手段，也不可能提高训练的“强度”。运动成绩的提高，取决于多方面的因素，其中训练质量对训练的效果起着至关重要的作用，而训练的质量取决于训练的强度、完成专项技术和练习动作的正确性及练习的密度和数量等。训练目标不明确、重点不突出、针对性不强的低强度训练，运动员的专项能力也就难以提高。运动训练实践已经证明，随着运动员竞技水平的提高，机体各器官、系统的功能及它们之间的协作不仅达到了相当高的水平，而且日趋逼近生理机能的极限。运动员进入高水平训练阶段的一个主要特征是竞技能力的“可塑空间”逐渐减小，专项成绩的提高速度日趋缓慢，它导致运动员对训练手段和负荷的要求显著增强。在这种情况下，低强度大负荷训练不利于专项水平的提高，有一定强度要求的训练才能有助于运动员保持稳定状态，在比赛中发挥水平。

4. 根据“从实战出发原则”安排训练

“从实战出发”，就是要将比赛场的残酷性、对抗强度、比赛压力体现在训练中。

（1）掌握项目特点和规律

运动项目特点是建立科学指导思想的根本，是科学设计训练方法的源泉，是制订科学训练计划的指南。因此在实践中，只有切实了解和掌握了运动项目的特点，才能做好优秀运动员的专项能力训练，否则一切都是空谈。对运动项目的规律和特点有了本质的认识，专项运动能力训练的方向才不会出现偏差，运动成绩才能大幅提高。项目的特点不是一成不变的，随着比赛规则的变化、运动水平的提高，在训练中对专项的理解也应随之变化，专项训练的方法和手段也应发生相应的变化。

（2）重视训练与比赛的一致性

从实战出发就是从比赛的实际需要出发，是专项训练与比赛一致性的具体体现和要求。从实战出发要求在训练中使用比赛时完整且高强度的专项训练手段，这对体能类项目可能十分重要，比如田径中的跳高和跳远等。完整和高强度的专项训练对高水平运动员尤其重要。运动员进入高水平训练阶段后，各项身体素质以及它们之间的协作已经达到很高的水平，某一局部运动能力的改善不仅很难使专项成绩得到提高，而且有时还会影响到整体的发展。此时只有运用完整且高强度的专项练习手段才能在更加接近实际比赛的环境下，充分挖掘那些与专项密切相关的器官和系统的潜力，从整体上促使不同素质之间、各种素质与技术之间以及心理、环境等因素与技、战术的发挥之间的协作更加均衡和稳定。

（3）坚持从难、从严要求

从实战出发，在进行专项能力训练时要从难、从严进行。从实战出发的“难”就是强调专项能力训练的针对性和高质量；从实战出发的“严”，最根本的就是要突出专项的特点。从难和从严的训练要求训练必须有针对性，根据实战需要从实际出发，结合运动员的个体特点，进行有针对性的训练。

（4）注重心理和智力的培养

对优秀运动员的培养，不仅包括加强对其体能和技术的训练，更重要的是加强对其心理和智力的训练。例如，根据运动员的心理与智力特征，坚持从实战出发，塑造其优秀的心理素质。在实战训练中要打破以“体力投入为主”的单一训练模式，向身心并重、技能合一的方向转化和发展。在实践中，有些运动员在大赛中因心理失衡而导致失败，其实就是平时训练中不注重内在质量的结果。

第三节　专项身体素质训练方法

一、专项力量

（一）专项力量概念的界定

1. 不同项目对力量的不同要求

在对“专项力量”进行界定时，必须弄清不同项目对力量的不同要求，通过分析几个典型项目的用力特点后发现，这些要求主要体现在以下方面：

第一，在不同的运动项目中，由于专项动作用力时刻的起始速度要求不同，最终将导致不同专项运动员的力量产生差异。

第二，由于不同的项目对肌肉用力的持续时间要求不同，导致对运动员的肌纤维成分、用力时的供能系统，以及最大力量和快速力量的要求不同。

第三，在肌肉用力的目的相似时，用力收缩方式稍有不同，会对力的效果产生重大的影响。

第四，在动作结构相似的条件下，如果用力方向的要求不同，对运动员的用力要求也是不同的。

第五，即使在动作结构相似的条件下，如果克服的恒定外界阻力不同，对肌肉力量的要求会不同。

第六，不同的项目，产生反作用力的物质材料的性能不同，对肌肉用力的要求不同。

第七，即使动作的结构相近，但由于不同项目的战术要求不同，会造成肌肉力量特点的不同。

不同项目对力量的不同要求中，上述第一至第四点都指明了不同专项的运动员其肌肉收缩用力在时间和空间上的区别，这些区别又是由于运动员在比赛规则的要求下，为了最大限度地挖掘力量潜力所采用的技术造成的。第五点和第六点的恒定外界阻力及产生反作用力的物质材料，虽然是由规则规定，但这种规则上的限制，决定了运动员采用哪种技术。第七点则指明了战术对力量特点的影响。

总之，不同项目运动员的力量特点，主要是由该运动员比赛动作的技术和战术在时间和空间上对肌肉用力的要求来决定的。

2. 对专项力量的认识

对“专项力量”较为准确的解释是，在运动员比赛动作技术和战术所要求的时空条件下，参与运动的肌肉或肌群收缩克服阻力的能力。由于这种肌肉的能力最终表现为运动员在该项目的比赛中，为了获得比赛的优胜，在符合规则的条件下，对人的整体或某一部分或器械进行最大限度的加速或减速，或使它们保持在一个特定的位置上，因此，运动员所克服的阻力，以及运动员或其控制的器械的速度大小或速度变化大小，以及位移大小和姿势的准确与否，都可用来考查运动员在专项力量上的水平。应特别注意，“时空条件”应该包括肌肉收缩时的速度大小、收缩开始前所需改变状态的物体的初速度、肌肉用力的持续时间和肌肉收缩形式。另外，技术是一种理想的“模式”，反映的是一般规律，具有共性；但又必须考虑运动员个人的特点，具有个性。同时技术具有相对性，它随实践的发展而发展，始终处于一个动态的过程中。在理解战术要求时，要特别注意，由于要贯彻战术意图，运动员的心理定向将导致对比赛动作要求的影响。

（二）专项力量训练机理

专项力量是指在运动员比赛动作技术和战术所要求的时空条件下，人体参与运动的肌肉或肌群收缩克服阻力的能力。专项力量训练的目的就是通过专门的肌肉力量训练，使运动员相关的神经肌肉系统引起专项化的适应和提高。

神经肌肉系统可以通过神经和肌肉两条途径来适应训练。根据训练计划的特征，发展肌肉力量时，爆发力将会因去适应其他力量的特征而导致下降。比如，用完成很慢的大负荷抗阻力练习来提高运动员的最大力量时，就可能导致肌肉快速力量和快速收缩能力的下降。因此，首先要确定目标运动的专项化神经肌肉特征，再去安排用以提高专项力量的各种抗阻力练习。

神经肌肉系统引起的适应，以及由此在运动中产生的提高，与所运用的抗阻力练习类型密切相关。这种训练的专项性涉及练习的各个特征。它们包括：练习所动用的肌肉群、动作的结构、关节运动的范围、肌肉收缩的类型与速度。力量训练的专项适应性，要求必须确定目标活动的专项需求。对专项需求的完整分析应该包括参与工作的肌群、收缩类型、动作速度、“拉长—缩短周期”运动的要求、克服或移动的负荷、动作的持续时间、保持高能量输出方面的要求、能够提供的间歇周期和受伤的可能性等方面。

（三）专项力量训练

1. 体能主导类快速力量性项群

体能主导类快速力量性项群包括跳跃、投掷和举重项目。快速力量的训练在本项群训练中有着特别突出的地位。跳跃项目中快速起跳能力的培养、投掷项目中器械出手速度的训练、举重项目迅速发力上挺能力的训练，都在本项群训练中日益引起高度重视。

2. 体能主导类速度性项群

体能主导类速度性项群包括短跑、短距离游泳等项目。例如，100 米跑、200 米跑、50 米自由泳、100 米自由泳与 100 米跨栏等。

短跑运动员专项力量训练。该项目的力量是一种动力性力量，根据用力的性质，动力性力量又可分为重量性力量和速度性力量。短跑运动中的肌肉活动，既表现为重量性力量又表现为速度性力量，只不过在短跑运动中，肌肉的收缩速度更明显、更重要。因此，通常把短跑运动员的用力称为速度性力量。

短跑运动员的力量训练必须和技术相结合，才能使力量训练达到最佳的效果，因为力量训练的最终目的是为了学习技术、提高运动成绩而服务的。可是怎样使二者结合起来呢？简言之，围绕着技术结构的特点进行力量训练。例如，先进的短跑技术要求落地时小腿和踝关节要做积极后扒动作。假若小腿和踝关节的力量差，就不容易做出此动作。为此在训练中就要加强对小腿和踝关节的力量训练。

练习方法有以下几种：①负重做快速的小步跑。要求：落地时小腿和脚做积极的后扒动作，并保持高重心。②负重做高摆扒地的技术。要求：大腿高抬，而后积极下压踮膝放松，小腿自然前伸，落地时积极后扒。③弹性踮步走和弹性踮步跳。要求：脚掌着地过渡到足尖有弹性地走或跳。④沙坑或木屑跑道上做各种弹性跳，要求：踝关节充分用力落地要有弹性（单足跳、跨步跳和原地双脚跳）。⑤负重（杠铃或沙袋）的原地双脚跳起。要求：脚跟不落地、落地后立即反弹跳起。⑥跳深（40 厘米高）。要求：足尖着地，落地后立即反弹跳起。

游泳的专项力量训练。进行游泳运动员力量训练，力量练习手段选用必须与游泳技术动作结构和完成动作的主要工作肌肉群用力形式相似，才能获得最佳的训练效果。游泳运动员的陆上和水上力量练习应该结合起来，陆上练习的持续时间应与水上比赛项目所需时间相同，这样才有利于将陆上发展的力量转化为水中的力量。

采用陆上力量练习器进行专项力量练习时，必须考虑到水上训练的练习特点，水上和陆上练习的负荷方向一致才是合理的，可进行的陆上专项力量练习器有橡皮拉力、滑轮拉力和等动拉力。这三种练习器各有不同的特点，相对来说，等动拉力更适合专项，它充分考虑到了水上阻力的性质，在练习的安排上如果水上主要进行速度训练，那么进行力量练习器的训练时，应做力量或速度力量类型的练习。

3. 技能主导类对抗性项群

隔网抗性项群包括乒乓球、羽毛球、网球、排球等项目。专项力量素质是该项群运动员对抗能力、速度，以及运动技术动作的掌握与完善的基础和保证。所以，要求运动员必须进行全面的专项力量训练。

（1）发展上肢专项力量素质训练

发展上肢专项力量素质训练可进行各种徒手的挥拍动作训练；持铁制球拍进行各种挥拍动作的训练；持轻哑铃进行各种挥拍动作的训练；用执拍手进行掷远训练；进行扣杀、扣球击远的训练。

乒乓球上肢专项力量训练还可采用借力强行训练法，这是一种极限训练法。

主要用于发展乒乓球运动员的相对力量。训练方法是：乒乓球运动员在完成极限负荷，训练到每组的最后阶段，单靠运动员本身的力量已无法完成动作，这时教练或同伴及时给予恰当的助力和保护，使其重新再进行挥拍 2 ~ 3 次。这个动作的关键是给的助力要恰到好处。这种训练方法可使肌肉得到最高强度的刺激，能有效地提高肌肉收缩的速度和力量。

（2）发展下肢专项力量素质训练

乒乓球运动员下肢的专项力量训练也至关重要。训练方法有负重半蹲后跳起训练；负重半蹲侧滑步训练；负重交叉步移动训练；负重单、双脚跳训练；负沙背心或者绑沙护腿进行各种步法移动训练。做杠铃半蹲，首先适当放松关节肌肉，选择用尽全力最多做 15 次左右的重量来做，8 ~ 10 个一组，做 4 组，每组间休息 1 ~ 2 分钟，每周做 3 次。注意动作中速度要由慢到快，再由快到稍慢。乒乓球要求爆发力，更要求速度，所以不能像健美运动那样的方式来训练，每周不要超过 3 次，超过 3 次效果反而不好。

二、专项速度

（一）专项速度训练机理

专项速度训练的目的，就是针对不同的专项，通过专门的反应速度训练、动作速度训练、位移速度训练，使运动员相关的神经肌肉系统引起专项化的适应和提高。专项速度的生理、生化基础表现为以下几点：

1. 反应速度

反应速度的快慢取决于兴奋通过反射弧所需要的时间，即反应时的长短。在构成反射弧的五个环节中，传入和传出神经的传导速度基本上是固定的。所以，反应时的长短主要取决于感受器的敏感程度、中枢延搁和效应器的兴奋性。其中中枢延搁优势是最重要的，反射活动越复杂，经历的突触越多，反应时越长。

2. 动作速度

（1）肌纤维类型的百分组成及其面积

肌肉中快肌纤维百分比越高、快肌纤维越粗，肌肉收缩速度则越快。

（2）肌组织的兴奋性

肌组织兴奋性高时，强度较低且时间短的刺激强度就可以引起组织的兴奋。

（3）条件反射的巩固程度

在完成动作的过程中，动作技术越熟练，动作速度也就越快。

3. 位移速度

以跑为例，位移速度主要取决于步长和步频两个因素及其协调关系。步长主要取决于肌力的大小、肢体的长度及髋关节的灵活性和韧带的柔韧性；而步频主要取决于大脑皮质运动中枢的灵活性、各中枢间的协调性、快肌纤维的百分比以及其肥大程度。神经过程的灵活性好，兴奋与抑制转换速度快，是肢体动作迅速交替的前提，各肌群间协调关系的改善，可以减少因对抗肌群紧张而产生的阻力，有利于更好地发挥速度。所以在周期性的项目中，肌肉放松能力的改善，也是提高速度的一个重要因素。

（二）专项速度的特点

区别于一般速度的专项速度，按不同的表现形式，可分为专项反应速度、专项动作速度及专项位移速度。运动员在大多数运动项目中所表现出来的专项速度，都是这三种表现形式的综合体现，但在不同项目中，专项速度的三种类型各自占的比重有所不同，通常不会单独出现，而是在不同的专项中，表现出各自不同的需求。

运动员专项速度的发展水平对其总体竞技能力的高低有着重要影响。竞技技术动作大多要求快速完成，良好的专项速度有助于运动员更好地掌握合理而有效的运动技巧，肌肉快速地收缩能够产生更大的力量，高度发展的专项速度又为速度耐力、专项耐力的发展提供了更大的空间。在不同的运动项目中，专项速度有着重要的作用。对体能主导类速度性的竞技项目，专项速度水平直接决定着运动成绩的好坏；对耐力性项目，高度发展的专项速度有助于运动员以更高的平均速度通过全程；对技能主导类项目，时间上的优势可以转化为空间上的优势，使体操、跳水等项目选手有更大的可能完成难度更高的复杂技巧，使球类及格斗项目选手获得更多得分的机会。

（三）专项速度训练

依据项群理论，以运动项目所需运动能力的主导因素为基准，将竞技项目分为体能主导类、技能主导类、技心能主导类、技战能主导类四大类。继而以各项体能或技能的主要表现形式或特征作为二级分类标准，把体能主导类项目分为快速力量性、速度性及耐力性三个亚类；把技能主导类项目分为表现难美性；技心能主导类为表现准确性；技战能主导类则分成同场对抗性、隔网对抗性、格斗对抗性及轮换攻防对抗性四个亚类。发展不同类项群专项速度的要求是不同的。

1. 体能主导类

（1）体能主导类快速力量性项群专项速度训练

如跳跃、投掷、举重。该类项目对专项速度的要求主要表现为专项动作速度和专项位移速度。以跳高为例，对其专项速度的训练，主要围绕提高运动员动作速度和位移速度进行。由于大脑皮质神经过程的灵活性是实现高频率动作的重要因素，因此做高频率的动作的重复练习有助于其发展。例如，跳深、连续跨步跳、原地跳、沙坑跳、跳绳、短距离极限跳、立定三级跳、连续单足跳等。每天训练课跳 150 ～ 300 次，每组重复 1 ～ 5 次、训练负荷采用本人最大速度的 90% ～ 95%。在专项速度练习之后，进行放松训练，提高肌肉的放松能力。

（2）体能主导类速度性项群专项速度训练

如 100 米跑、100 米游泳、500 米自行车等。这类项目对专项速度的要求主要表现为专项反应速度、专项动作速度、专项位移速度三种速度的有机整合。以 100 米跑为例，提高反应时的练习。通过反复发出各种信号刺激让练习者迅速做出反应的信号刺激法练习，是实现缩短反应时的重要手段。如反复进行听起跑口令或枪声进行起跑练习。此外，还应完善起跑技术，这提高动作速率的训练。高频率的动作的重复练习有助于其发展肌组织的兴奋性。如快速小步跑、快速高抬腿；还可以借助牵引跑、跑台、顺风跑等借助外力提高动作频率的练习。发展磷酸原系统供能的能力，多次重复 20 ～ 60 米的快跑及行进间 20 ～ 60 米快跑、追逐跑等。提高肌肉的放松能力，用次最大速度跑，来避免肌肉过分紧张。

发展力量和柔韧性，如持哑铃重复摆臂练习、负重跑、阻力跑等。

（3）体能主导类耐力项群专项速度训练

这包括中长距离及超长距离的走、跑、骑、游、滑、划等所有的项目。这类项目是以速度耐力为主导的项目，对专项速度的要求主要表现为专项位移速度。以 1500 米跑为例，在借助牵引跑、跑台、顺风跑等借助外力提高动作频率的练习的基础上进行持续训练，即在一定的速度基础上进行持续 1 分钟左右的练习，以通过提高乳酸能供能能力来解决位移速度尤其是最后 400 米冲刺的能力，提高肌肉的放松能力。在长距离的跑动过程中，注意脚步与呼吸的节奏，摆臂放松，以避免过分紧张。肌肉的放松能力好坏对保持高速度起着重要作用。

2. 技能主导类专项速度训练

例如，体操、艺术体操、技巧、跳水等。这类项目对专项速度的要求主要表现为专项动作速度。以跳水为例，主要采用高频率动作的重复练习，有助于其专项速度的发展。快速练习：计时俯卧撑；纵跳转体练习：原地跳起转 360° 或 720° 练习，连续进行 10 ~ 20 次，要求转体要快速，连续 2 ~ 3 组；快速翻转练习：连续踺子接小翻、连续快速侧手翻；快速哑铃练习：持 1 千克重轻哑铃，做快速头上双臂屈伸；减少阻力法，可以利用一些增加助力的方法来减轻运动员体重，提高运动员的动作速度，目的是提高运动员高速运动的感觉能力，以帮助运动员提高完成某一技术环节的动作速度。提高速度力量是提高动作速度的重要基础。如计时快速推倒立、臂屈、俯卧撑；计时快速完成两头起、背屈伸；计时快速引体向上练习；规定距离的快速爬倒立练习，等等。

3. 技心能主导类

例如，移动射击、飞碟多向射击等。这类项目对专项速度的要求主要表现为专项反应速度、专项动作速度。以飞碟多向射击为例，提高反应时的练习。可采用信号刺激法，通过反复发出信号刺激，让练习者迅速做出反应，是实现缩短反应时的重要手段。通过碟靶反复从碟沟中飞出，运动员及时判定飞行的方向，同时身体及时、平稳地向碟鞭的方向起动，去捕捉目标。提高动作速率的训练，通过反复的飞碟射击的练习，使身体在判定飞碟飞行方向及角度后，在极短的时间内，使准星快速地捕捉到飞碟，即时扣动扳机，完成击发。

4. 技战能主导类

（1）隔网对抗类专项速度训练

如乒乓球、羽毛球、网球、排球等。这类项目对专项速度的要求主要表现为专项反应速度、专项动作速度、专项位移速度三种速度的有机整合。以乒乓球为例，提高反应时的练习可采用信号刺激法，如多球快速练习、视觉反应练习。提高动作速率的训练可进行多球练习，加快供球的节奏和增大回球的难度等。提高灵敏度训练可进行正确的、反复的练习技术动作，尤其是结合性技术动作，提高各种技术动作之间的衔接和转换的协调性和节奏感。提高 ATP-CP 系统和乳酸能供能系统的机能水平可利用“重复训练法”，把时间控制在1分半钟以内，两人连续快速对拉等方法能提高 ATP-CP 系统和乳酸能供能系统的机能水平，提高肌肉的放松能力。

（2）同场对抗类专项速度训练

如足球、手球、冰球、篮球等。这类项目对专项速度的要求主要表现为专项反应速度、专项动作速度、专项位移速度三种速度的有机整合。以足球为例，训练方法：

①提高反应时的练习

信号刺激法。如轻跳，听（看）教练员击掌，快速转体 180°；队员站成四路纵队，人与人之间距离 3 ~ 5 米，教练员站在队伍前面，按照教练员口令和各种手势，全队做向前、向后、向左、向右快速起动 2 ~ 3 米或原地转体 180° 等各种动作的变换练习。

②提高动作速率的训练

重复训练法。通过反复地在快速运动中完成两个或两个以上技术动作结合的练习，逐步提高运动员无球和有球技术动作的熟练程度，建立巩固的动力定型。大量采用田径运动中训练短跑运动员的训练方法来提高足球运动员的跑速。多采用 15 ~ 30 米各种不同开始姿势的快速冲刺跑。如后退四五步后立即向前冲刺 10 米；连续向前冲三步，再转身后退两三步，再向前冲三四步等方法。

（3）格斗对抗类专项速度训练

如摔跤、柔道、散打、拳击等。这类项目对专项速度的要求主要表现为专项反应速度、专项动作速度、专项位移速度三种速度的有机整合。以拳击为例，训练方法：

①提高反应时的练习

信号刺激法。如“相互摸肩练习”，即两人相对分开站立，伺机拍击、触摸对方的肩部，且可相互躲避对方的拍击，看谁反应快，拍击次数多。

②提高动作速率的训练

如“最高速度完成单个动作或组合拳法的练习”，在 15 ~ 20 秒内，尽最大速度，尽可能多次快速地完成单个动作或组合拳法。“负重快速完成动作法”，以最大力量水平的 15% ~ 20% 为宜。

③提高 ATP-CP 系统和乳酸能供能系统的机能水平

“最高速度完成单个动作或组合拳法的练习”，是在较短的时间内，大强度、大密度的练习，能较好地发展提高 ATP-CP 系统和乳酸能供能系统的机能水平。

④提高肌肉的放松能力

通过短距离的变速跑、变向跑、单脚跳、双脚跳、收腹跳、跨步跳等各种跑跳动作，重点发展踝关节和小腿三头肌的爆发力及弹性。

（4）轮换攻防对抗类专项速度训练

如棒球、垒球、板球等。这类项目对专项速度的要求主要表现为专项反应速度、专项动作速度、专项位移速度三种速度的有机整合。以棒球为例，训练方法如下：

①提高反应时的练习

采用信号刺激法，如投球手以不同的速度，从不同的角度反复投向击球手，让其挥棒击球。

②提高动作速率的训练

在无球状态下，重复进行挥棒技术的练习。

③发展磷酸原系统供能的能力

利用重复训练法，在对以上练习进行多次重复的同时，也很好地发展了磷酸原系统供能的能力。

④提高肌肉的放松能力

尤其是在挥棒前的等待期，过度的紧张会加速能量的消耗。挥棒的瞬间，拮抗肌的主动放松能提高挥棒的有效力量，从而提高专项动作速度。“负荷交替法”，可以用较重的棒球棒进行挥棒练习，之后换正常棒球棒接着再做若干次挥棒练习。

三、专项耐力

（一）专项耐力的概念

“耐力”的定义是人体在尽可能长的时间内进行肌肉活动的能力。耐力是人体抵抗疲劳并持续活动的能力。

专项耐力概念虽然已被提出很多年，但是直到现在仍未对此概念的内涵和外延达成共识。在《体育科学词典》中，把专项耐力的概念定义为运动员长时间持续地或多次地重复地完成专项运动的能力。

（二）专项耐力的训练机理

人体的运动能力不可避免会受到自身形态结构、心理因素及环境条件的限制。要想在比赛中取得优异的运动成绩，运动员就必须在生理机能、技术水平和心理素质几方面获得最大的发展。在探讨训练机理之前，首先要明确影响专项耐力成绩的关键因素，在此基础上才能更好地探索合适而有效的训练方法。

影响耐力素质的因素有多种，这里主要讨论生物学、心理学和遗传学的影响因素，主要从外周性限力因素、中枢性限力因素、心理限力因素及遗传限力因素四方面对耐力成绩的影响因素进行研究。

1. 外周限力因素

与中枢限力因素相对应，把心肺功能、内环境的稳定性、肌纤维的类型及肌肉的横断面积统称为外周限力因素。根据物质转运理论，引入“转运系数”的概念来描述物质从一处运往另一处的能力。物质运输中某一环节的转运系数等于该环节中运输阻力的倒数。氧气的转运系数越大，则受到的阻力越小，氧气转运系数的大小主要取决于心肺功能的强弱；二氧化碳、乳酸及物质代谢的转运系数的大小决定了人体内环境稳态的维持，而内环境的稳定性是有机体正常运行的基础保障；同时人体体温的平衡也影响着内环境的稳定，机体总是通过调节产热率和散热率，使机体的产热量等于散热量，从而保持机体的平衡。耐力训练归根到底还是肌肉的运动，肌纤维的类型、肌纤维类型的百分比及肌肉的横断面积等都是影响耐力成绩的重要因素。由此可见，能量的供应、内环境的稳态、肌纤维类型及肌肉的横断面积都是影响耐力成绩的决定性因素。从项群的特点角度出发，外周限力因素对于体能类项群的影响占有较大比重，例如体能类项群中的中长跑项目，拥有强大的心肺功能和良好的内环境调节机制是获得优秀运动成绩的基本保障。

2. 中枢限力因素

神经系统的专项性特征决定了运动单位参与数量与类型，而神经发放冲动的强度和发放模式决定了肌肉力量大小、递增率和持续时间。各中枢间兴奋和抑制的协调，使肌肉活动节律化、能量消耗节省化及吸氧量和需要量相对平衡化，从而能长时间保持运动。神经过程的相对稳定及各中枢之间的协调性是提高有氧能力的重要前提。提高脑细胞对酸性环境的耐受力是耐力训练过程中一个很重要的部分，只有保证信息处理中心和命令下达中心的正常工作，人体的其他功能才得以正常运行，才能保证机体持续地运动下去。战能类项群和技能类项群中的运动项目需要大强度的神经发放冲动和高频率的兴奋与抑制的相互转换，中枢限力因素对于此类项目影响较大一些，同时中枢机制的耐酸性对于无氧运动项目同样非常重要，而对于一些射击类项目又需要神经的高度集中。

3. 心理限力因素

影响成绩的除了身体的、技术的因素之外，心理限力因素也起着决定性的作用，然而，心理训练往往没有被放在重要的位置上，这是目前运动训练过程中的一大缺憾。在高水平运动员的角逐中，最后决定胜负的关键因素往往是心理因素，所以心理训练应引起教练的高度重视。在长期艰苦的耐力训练过程中，个体的心理特征是运动员通过自觉的努力获得最佳身体训练效果的主要决定因素。坚强的意志品质还会促使运动员在面对肉体痛苦和精神挫折时，竭尽全力地拼搏。

4. 遗传限力因素

从人类遗传学上看，耐力性项目的运动成绩与其他运动项目的成绩一样，是复杂的多因素的集合。研究发现，人的生理、心理及神经等的特性受遗传的影响较大，遗传因素在很大程度上决定着运动员的发展方向与发展潜能的大小，如白肌纤维含量多的运动员适合于快速运动的项目，而红肌纤维多或血红蛋白含量高的运动员则适合于耐力性运动项目。

基于以上分析，从专项耐力影响因素的角度去分析耐力训练的训练机理，得出专项耐力的训练机理主要由以下几部分构成：提高心肺功能及能源储备、提高机体的耐受力、提高神经—肌肉系统的协调整合的能力及其培养运动员坚强的意志品质和完备的心理素质。

（三）专项耐力训练

1. 体能主导类快速力量性项群

此类项目对于专项耐力的要求主要表现为以最大强度重复完成完整比赛动作的能力，如田赛项目、举重等。

训练方法：重复训练法。这是以多次重复完成比赛动作或接近比赛要求的专项练习为主的训练方法。例如在举重项目中，可以规定某一运动负荷，然后让运动员在此负荷下以标准动作尽可能多地重复完成，直至力竭。跳高耐力训练中，要求运动员在某一高度持续完整的完成跳跃练习。

2. 体能主导类速度性项群

此类项目对于专项耐力的要求是运动员尽可能地在最短的时间内通过全程。例如 100 米跑、200 米跑、50 米自由泳、100 米自由泳与 100 米栏等项目。

训练方法：①间歇训练法。根据项目的特点及时间要求，安排在一定的时间内重复若干组，组间有间歇休息时间，放慢节奏和速度。②变速训练法。长短段落变速跑，分为多种训练方式，例如，快慢结合跑，200 米快 +200 米

慢 +150 米快 +150 米慢 +100 米快 +100 米慢 +100 米冲刺跑，这样可以增强对比赛中速度和耐力结合的意识，体会如何在疲劳状态下进行高速运动。③追逐性训练。例如，让运动员排成一路纵队快跑前进，队尾最后一人疾速追赶跑向队首，然后队尾的队员再连续地跑向队首。④上下坡往返跑，下坡时候快跑，上坡时候慢跑等。

3. 体能主导类耐力性项群

此类项目对于专项耐力的要求是用尽可能快的平均速度通过全程。例如 800 米以上径赛项目、公路自行车、铁人三项等项目。训练方法如下：

（1）持续训练法

这是一种负荷强度较低、负荷时间较长、练习过程不中断的练习方法。持续训练法是为重点发展有氧代谢水平而提出的。该法强调一次负荷运动的持续时间较长，强度适中，心率负荷指标应在每分钟 130 ~ 160 次。例如在铁人三项运动中，为了发展运动员的有氧耐力，如果运动员要在 10.5 小时内完成铁人三项比赛，每周至少要进行 11 千米的游泳、320 千米的自行车和 65 千米的跑步训练来加强体能。

（2）高原训练法

此方法是在高原上进行耐力训练的一种训练手段。我国在云南海埂、青海多巴和宁夏西吉等多地建立了中度高原训练基地，并把高原训练作为大赛前的重要训练手段，取得了显著的训练效果。中度高原空气密度只有海拔平面的 77%，氧含量只有平原地区的 3/4 左右，氧分压大于平原地区的 20% ~ 25%。当运动员在这样的环境下进行训练时，由于“调节适应期”产生应激，呼吸频率和心率加快，溶解在血管里的部分氧气受低气压的影响不易被身体吸收，使得血管体积增大、血管扩张、血管壁增厚、血管变粗、通过的血量增多，从而更好地锻炼了心血管系统，提高了最大摄氧量和血色素浓度，增强了耐受乳酸的能力。

4. 技能主导类表现难美性项群

此类项目对于专项耐力的要求是以最佳技术重复完成完整比赛动作的能力，如体操、艺术体操、跳水、花样滑冰、花样游泳等项目。训练方法如下：

（1）完整练习重复法

完整练习重复法包括规定练习动作套数的重复法和规定练习时间的重复法。规定练习动作套数的方法是指让运动员尽量以比赛规格的动作质量完成某一数量的动作套数。而规定练习时间的重复法是指让运动员在规定的时间内尽量以比赛规格的动作质量进行专项动作的练习。例如，在体操的训练中可规定运动员一次性完成 5 ~ 15 遍整套动作练习或规定在一定的时间内持续地进行某一套专项动作的练习。

（2）分段练习重复法

分段练习重复法是指对整套动作中的某一技术环节的多次重复练习，如体操训练中原地连续侧空翻、前空翻、连续趋步踺子、踺子小翻等。

（3）间歇训练法

间歇训练理论认为，训练时心率达 170 ~ 180 次 / 分钟，间歇后心率达 100 ~ 125 次 / 分钟时再进行训练。此种训练方法主要发展的是磷酸原供能系统。

四、专项柔韧

（一）概念界定和分类

从物理学的角度来看，柔韧素质是指物体在受力变形后，不易折断的性质。从解剖学的角度来分析，柔韧素质是指人体关节活动幅度的大小及跨过关节的韧带、肌腱、肉、皮肤以及其他组织的弹性和伸展能力。它包括两方面的含义：一个是关节活动幅度的大小，另一个是跨过关节的肌肉、肌腱、韧带等软组织的伸展性。关节的活动幅度主要取决于关节本身的解剖结构，跨过关节的肌肉、肌腱、韧带等软组织的伸展性，则主要通过先天遗传和后天训练获得。因此，柔韧素质，就是人体通过先天遗传和后天训练获得的关节活动幅度的大小，以及关节周围软组织的伸展能力。

柔韧素质可以分为一般性柔韧和专门性柔韧两种。一般性柔韧通常指运动员在进行一般训练时，为适应和保证一般训练顺利进行所需要的柔韧素质。例如，球类运动员在速度练习时加大步幅所需要的腿部柔韧性；田径运动员负杠铃进行深蹲练习时需要的大腿后群肌肉所表现出来的柔韧性等。专门性柔韧即是专项运动技术所特需的柔韧性。

（二）专项柔韧的训练机理

影响柔韧素质的因素有很多，包括人体解剖特征、神经活动过程特点、心理因素及身体状况等。大致有以下几方面：

1. 肌肉、韧带组织的弹性

肌肉、韧带组织的弹性是影响柔韧素质的最主要因素。遗传对它们有着一定的影响，但也取决于男女性别、年龄特征及中枢神经系统的兴奋性。在中枢神经系统的影响下，肌肉的弹性会发生显著的变化，如比赛中情绪高涨，柔韧性会有很大程度的提高。

2. 关节的骨结构

关节的骨结构是影响柔韧性诸因素中最不易改变的因素，基本上完全由遗传所决定。虽然训练可以使骨结构产生部分的变化，但也仅表现在关节内软骨形态的变化方面。而且这种变化只能局限在关节骨结构许可的范围内。

3. 关节周围组织的体积大小

关节周围组织体积的大小对关节活动起着限制作用。它一方面受先天遗传的影响，另一方面也受后天训练的影响。往往由于这些关节周围组织体积的增大而影响柔韧素质的发展，如有些肌肉体积增大就影响其周围关节的活动幅度。

4. 神经活动过程特点

神经活动表现为兴奋与抑制的转换。这一转换过程的灵活性与运动活动中肌肉的基本张力有着密切的关系，特别表现在中枢神经系统调节对抗肌之间的协调，以及对肌肉紧张和放松的调节。由于神经活动过程分化抑制的发展程度对运动员随意放松能力起重要的作用，因此与柔韧素质有着密切的关系。神经系统能很好地改善对抗肌之间的对抗程度，这将使肌肉放松与紧张的调节能力得到提高，使柔韧性得到良好的表现。

5. 心理紧张度

运动员表现出来的心理变化可以通过中枢神经系统、体液调节等影响到有机体各部位的工作状况。心理紧张度过强、过长会使神经过程由兴奋转为抑制，严重影响各部位的协调能力，从而影响柔韧性；反之，如心理紧张度适度，则有助于柔韧性的表现。

6. 外部环境的温度和表现柔韧性的时间

18℃以上的外界温度是表现柔韧性的最适宜温度，18℃以下则对柔韧性的表现不利。在一天的不同时间内，运动员的柔韧性也不相同。虽然这与一天内外界温度的变化有关，但更重要的是一天内有机体的机能状态存在着一定的变化。例如，刚睡醒时柔韧性较差，早晨明显下降，中午比早晨好。

许多人都以为早晨人的柔韧性好，其实是一种误解。利用早晨进行柔韧性练习主要是因为肌肉内的张力通过一夜睡眠已得到调节，多余的肌紧张已得到消除，肌肉处于松弛状态，韧带易于拉开。

7. 主动柔韧性与肌肉的力量有关

有机体某部位的力量大，有助于增大这个部位的活动幅度，显而易见，这个部位的主动柔韧性就必然好。但是力量训练使这个部位周围的肌肉组织、韧带等软组织体积增大，那也将影响到关节的灵活程度。因此，在练习时可采用力量练习和柔韧性练习合理结合的方法，克服因力量训练带来的不良影响，从而使这两种素质的发展都达到很高的水平。

8. 有机体疲劳的程度

在有机体疲劳的情况下，柔韧性会产生很大的变化，这时主动柔韧性指标下降，而被动柔韧性指标则会提高。

在运动活动的实践中，准备活动做得充分与否、训练时间的长短等非本质性因素对柔韧性也有相当明显的影响。

9. 年龄与性别

（1）年龄

根据人的自然生长规律来看，初生的婴儿柔韧性最好。随着年龄的递增、骨的骨化、肌肉的增长，人的柔韧性逐渐加强。柔韧性的增长在 10 岁以前自然获得发展，10 岁以后随年龄的增长，柔韧性相对降低。特别是髋关节，由于腿的前后活动多，加之肌肉组织增大，使左右开胯幅度明显下降。因此，在 10 岁以前就应进行柔韧练习，使自然增长的柔韧性得到提高。

在 10 ~ 13 岁这个年龄应充分发展柔韧练习，因为这个年龄段是性成熟前期，骨的弹性增强，肌肉韧带的弹性、伸展性仍有较大的可塑性，进行充分柔韧练习，使各关节幅度达到最大的解剖限度，充分提高肌肉韧带的伸展性，不仅能提高各关节的柔韧性，而且对身高增长也是有利的。

13 ~ 15 岁为生长期。在这个时期骨骼生长速度超过肌肉的生长，因此柔韧性有所下降。在这个时期要特别注意身体发育的匀称性，多做全身性的伸展练习，巩固已获得的柔韧效果。

在 16 ~ 20 岁这个年龄，整个身体发育趋向成熟，可加大柔韧负荷、难度，从而在已获得的柔韧基础上，进一步获得专项所需要的柔韧素质。

（2）性别

根据生理解剖特点，男子的肌纤维长，横断面积大于女子，伸缩度较大，全部肌纤维的 3/4 强而有力；女子的肌纤维细长，横断面积小于男子，伸展性好，对关节活动限制小，全身仅有 1/2 的肌纤维强而有力。因此，女子关节的灵活性好于男子。

（三）专项柔韧训练

专项柔韧的训练，不同的项目有不同的训练方法，但在同一运动项群中，柔韧素质的训练方法有值得借鉴的地方，现按不同运动项群介绍其中每一运动项目专项柔韧训练方法。

1. 技能主导类表现难美性项群

此类项目对专项柔韧的要求是，运动员以最佳的技术富有美感地完成完整的比赛动作并减少损伤可能的能力。例如，体操、花样滑冰、艺术体操、跳水、花样游泳等项目。以体操为例。发展运动员柔韧素质的方法有两种，即被动和主动，也称消极和积极。被动柔韧练习是指依靠外力的作用促使关节灵活性增大，这一方法可使柔韧指标迅速提高，但与实际应用有一定的距离，运动员承受的痛苦较大。主动柔韧练习是指通过与某关节有关肌肉收缩来增加关节灵活性的方法。这一方法与专项动作的表现形式相一致，易于体现在体操动作之中，但要想在原有的基础上进一步提高比较困难。由于这两种方法各有利弊，在体操训练中多结合使用。

（1）体操运动员柔韧素质训练方法

单人或双人的各关节伸展练习；采用各种方式、方法拉长肌肉、韧带、肌腱等结缔组织，如甩腰、吊腰、劈叉、压腿、踢腿等多种训练方法；专项动作模仿练习，如大幅度振摆、后软翻、吊环后转肩等。

（2）体操运动员柔韧素质训练负荷

①练习强度：开始以中等强度为宜，最后可达 80% 以上。

②练习时间：每次可控制在 10 ~ 20 秒，时间不宜太长。

③间歇：完全恢复，可做积极性放松活动。

④重复次数：5 ~ 10 次。

⑤练习次数：3 ~ 5 组为宜。

2. 技能主导类隔网对抗性项群

此类项目对专项柔韧的要求是，能在整个比赛过程中完整地完成每个技术动作，增加动作的幅度，避免受伤。如羽毛球、乒乓球、网球等以个人为主的运动项目。

现以乒乓球为例，试做说明。乒乓球运动的柔韧素质主要表现为动力柔韧性，即肌肉、肌腱、韧带根据动力性技术的需要，拉伸到解剖学允许的最大限度能力，随即利用强有力的弹性回缩力来完成所要完成的动作。所有爆发力拉伸都属于动力柔韧。静力柔韧性是肌肉、肌腱、韧带根据静力性技术动作的需要，拉伸到动作所需要的位置角度，控制其停留一定时间所表现出来的能力。

柔韧素质的训练方法有两种，即主动或被动形式的静力拉伸法和主动或被动形式的动力拉伸法。这两种训练方法的特点都是在拉伸作用下，有节奏地逐渐加大动作幅度或多次重复同一动作，使软组织逐渐地或持续地受到被拉长的刺激。

（1）主动或被动的静力拉伸

主动或被动的静力拉伸是指缓慢地将肌肉、肌腱、韧带拉伸到酸、胀、痛的感觉位置，并略微超过，然后停留一定时间的练习方法。这种方法可以减少或消除超过关节伸展能力的危险，防止拉伤。由于拉伸缓慢不会激发牵张反射，一般要求在酸、胀、痛的位置停留 8 ～ 10 秒，重复 3 ～ 5 次。

（2）主动或被动的动力性拉伸

主动的动力性拉伸方法是靠自己的力量拉伸，被动的动力性拉伸方法是靠同伴的帮助或负重借助外力的拉伸，但外力应与运动员被拉伸的可能伸展能力相适应。

采用有节奏的、速度较快的、幅度逐渐加大的、多次重复一个动作的拉伸方法时，用力不宜过猛，幅度一定要由小到大，先做几次小幅度的预备拉长，然后再加大幅度，以免拉伤。

3. 体能主导类快速力量性项群

此类项目对专项柔韧要求主要是，增加肌肉的弹性，加大关节活动幅度，保证在完成技术时进行大幅度的动作，有利于提高节奏控制能力、动作的高度协调性，以及防止受伤，起保护作用。如投掷、跳跃类运动。

以投掷类为例，投掷类项目的柔韧性训练基本上采用拉伸法，分为拉伸法和静力拉伸法。在这两种方法中都有主动、被动拉伸两种不同的训练方式。身体的各个环节肌肉、关节的主动和被动的大幅度伸展和牵引练习通常安排在准备活动和主要练习之间。具体训练内容根据运动员个体情况而定。一般采用肩关节柔韧练习、徒手和带重物做两肩向前或后的绕环的练习、徒手压肩等。

腰部和髓部练习采用站立前屈、俯卧背伸、转体、甩腰及绕环、交叉步跑、正面大步转髋、负重弓箭步走等。不仅要加强柔韧性，还要注意发展各个环节的伸展性和肌肉的弹性，根据专项特点，优先发展肩部和躯干部位的柔韧性。柔韧性练习必须经常进行。

4. 体能主导类耐力性项群

此类项目对专项柔韧要求主要是增加关键关节的柔韧性和灵活性，有利于提高专项要求的运动步幅和技术，配合耐力提高竞技能力。如竞走、中长跑、长跑等运动项目。现以竞走运动员的柔韧性训练为例。

竞走运动员的柔韧素质直接影响竞走运动员的步幅和技术，尤其是髋关节的柔韧性和灵活性。采用身体各个环节肌肉、关节的主动和被动的大幅度伸展和牵引练习，通常安排在准备活动和主要练习之间。根据竞走运动员的特点，在练习时提高运动员的肩、髋、膝、踝等关节的柔韧性和灵活性，适当增加身体围绕垂直周转动的幅度，提高肌肉紧张和放松能力，以改善动作的协调均衡性，协调能力。

5. 体能主导类速度性项群

此类项目主要是更有利于运动技术的掌握和肌力的发挥，如游泳、短距离跑等项目。以游泳为例，其练习方法：

（1）动力牵拉

动力牵拉是指有节奏地、速度较快地、幅度逐渐加大地多次重复一个动作的拉伸方法。在运用该方法时，用力不宜过猛，幅度要由大到小，从而避免拉伤。每个练习重复 5 ～ 10 次。

（2）静力牵拉

静力牵拉与动力牵拉正好相反，是轻柔、缓慢地将关节移到最大活动范围内，将肌肉、肌腱、韧带拉伸到一定的酸、胀、痛的感觉位置并略有超过，然后停留一定时间的练习方法。这种方法可以减少或消除超过关节伸展能力的危险性，防止拉伤。由于拉伸缓慢不会激发牵张反射，一般要求在酸、胀、痛的位置停留 5 ～ 60 秒，重复 6 ～ 8 次。

（3）被动牵拉

被动牵拉是静力牵拉的一种，是由他人施加的一个压力，即在同伴的帮助下或负重借外力的拉伸使活动幅度增大，但外力应与运动员被拉伸的程度相适应。

（4）慢速动力拉伸

慢速动力拉伸是用比较慢的速度进行动力拉伸，可与静力牵拉结合进行，当关节移到最大幅度时静止 5 秒或更长的时间。

（5）收缩—放松法

收缩—放松法是根据神经肌肉的本体感受特征发展起来的。其根据是当肌肉先收缩时，可以更充分地放松，使活动幅度增大。

牵拉的程度比牵拉的方式更为重要，但有两种方式潜在的危险性比较大，应尽量避免。动力牵拉是最危险的，因为正在快速运动的肢体很难被控制，因此容易造成过度拉长。被动牵拉也比较危险，一个强壮而热心的同伴很可能将被牵拉者的肌肉和肌腱拉伤。不过，被动牵拉比较适合于踝关节的牵拉练习，因为这个关节不容易被过度牵拉，而且被动牵拉的效果很好。

每次训练前后应安排 10 ~ 20 分钟的牵拉练习，这样有利于运动员在游泳专项训练时增大动作幅度，同时改进技术。建议静力牵拉和收缩—放松牵拉持续 6 ~ 60 秒，因为训练效果可能达到活动范围极限在开始数秒时就已经产生，过长的牵拉可能是浪费时间。每次练习可进行 3 ~ 6 组，每组 10 ~ 15 次。进行任何素质训练的同时，也伴随着调节器、结构代谢方面的改变。然而，适应改变的过程取决于负重力量、肌肉收缩的方式、速度及练习的持续时间、肌肉组织的个体结构。

第六章　体能训练的恢复

体能训练对大学生身体素质的要求较高，二者是相辅相成的，体能训练对大学生的身体素质的增强具有重要的作用，而身体素质的提高有赖于体能训练。在大学生从事体能训练的过程中常会发生一系列的运动性疲劳和疾病，这是正常现象，本章对大学生体能训练产生的运动性疲劳和疾病的恢复做出重点阐述，并对运动处方的制定和体能训练中的心理调节做出了研究。

第一节　体能训练的运动性疲劳的产生与恢复

一、运动性疲劳的概念及分类

（一）运动性疲劳的概念

疲劳是一种正常的生理现象。在很早以前，人们就开始了对疲劳的研究，通过不断的研究和经验的总结，人们对疲劳的认识也逐步得到深化和提高。实际上，无论身体疲劳还是精神疲劳，都是大脑皮质的保护作用。内环境变化促进了大脑的保护性抑制，疲劳代表着中枢神经系统工作能力的降低。当肌肉活动到某种程度时，能源物质耗竭、血液中代谢物堆积、内环境稳定性失调等因素都是疲劳产生的原因。由此可见，疲劳是生命体对内外环境适应所做出的一种生理性防御反应。

运动疲劳是指人体在运动过程中，运动能力及身体功能出现暂时下降的正常生理现象。这种疲劳现象对人体并无太大的损害，它只是起到一种保护性信号或称保险阀的作用，运动疲劳的产生是提示人们不要过度疲劳，以免造成机体大的负担。一般来说，运动疲劳的症状大致包括以下几方面：

1. 自我感觉方面。如全身疲倦、嗜睡、无力等。

2. 精神方面。如精神恍惚、焦躁不安、情绪低落、无热心、经常出差错等。

3. 全身方面。面色苍白、眩晕、肌肉抽搐、呼吸困难、口干舌燥、声音嘶哑、腰酸腿痛等。

运动疲劳是由多方面原因引起的，主要包括以下几点：

1. 体内能源物质消耗过多。

2. 肌肉运动在收缩时会产生一定的代谢产物，这些代谢产物积聚就会引起疲劳。

3. 长时间的工作，出现神经抑制。

4. 长时间运动引起体内水、盐代谢紊乱及内环境稳定性失调。

因此，当机体出现以上疲劳的症状时就要及时休息，再次运动时要制订合理的运动方案或计划，只有这样才能有效抑制运动疲劳的发生。

（二）运动性疲劳的分类

运动性疲劳的划分方式有多种，主要的分类方法包括以下几种：

1. 按身体整体和局部划分

（1）全身疲劳

全身疲劳是指由于全身运动使全身各器官机能下降而导致的疲劳。如马拉松、激烈的足球比赛等可造成全身身体机能下降。

（2）局部疲劳

局部疲劳是指过分的运动致使某一局部器官机能出现下降而导致的疲劳。如前臂负重屈伸运动可造成前臂肌肉力量下降，负重深蹲导致下肢肌群疲劳等。

全身疲劳和局部疲劳之间有着密切的关系，局部疲劳可以发展为全身疲劳，而全身疲劳往往包含着以某一器官为主的局部疲劳。

2. 按疲劳发生的部位划分

（1）脑力疲劳

脑力疲劳是指由于运动刺激使大脑皮层细胞工作能力下降，导致大脑皮层出现广泛性抑制而产生的疲劳。脑力疲劳的影响较大，长期从事大强度的训练或运动往往会产生脑力疲劳。如在周期性耐力运动（长跑等）过程中，由于运动时的单调刺激，在体力尚未明显下降时，大脑细胞的工作能力已开始下降，并引起整个身体机能下降，当改变刺激形式时，脑细胞及整体工作能力均有所恢复。

（2）体力疲劳

体力疲劳是指由于从事身体训练时身体工作能力出现下降而产生的疲劳。如剧烈运动后出现的肌肉酸痛、周身乏力、工作能力下降等症状。

3. 按运动方式划分

（1）快速疲劳

由于短时间、剧烈运动引起的身体机能下降称快速疲劳。快速疲劳来得快，去得也快，消除也相对较快，在大强度运动中一般易出现快速疲劳。100 米运动员在不足 10 秒钟的时间立刻使身体机能极度下降，400 米跑的运动员在不足 1 分钟的时间造成机体极度疲劳等都属快速疲劳。

（2）耐力疲劳

由于小强度、长时间运动引起的身体机能下降称耐力疲劳，耐力疲劳的发生较缓慢，恢复时间也相对较长。马拉松跑、越野滑雪、长距离游泳等可产生耐力疲劳。

4. 按身体各器官划分

（1）呼吸系统疲劳

呼吸系统疲劳是指由运动引起的呼吸机能下降的现象，在一般运动中不常见，多出现在长时间运动或憋气用力后，如人体在剧烈运动时出现呼吸表浅、喘不过气、肺功能下降等症状。

（2）骨骼肌疲劳

骨骼肌疲劳是由人体运动引起的骨骼肌机能下降的现象。如在力量训练后出现肌肉收缩力下降、肌肉僵硬、肌肉酸痛等症状。

（3）心血管疲劳

心血管疲劳是由运动引起的心脏、血管系统及其调节机能下降的现象。心血管的敏感度较高，不同强度和时间的运动都可能引起心血管系统的疲劳，如运动后出现的心输出量减少、舒张压升高、心率恢复速度较慢等症状。

二、运动性疲劳的产生及判断

疲劳是运动训练的必然结果，如何科学准确地判别疲劳程度是科学训练的一个重要环节。判断晚了，导致过度疲劳，甚至是损伤；判断早了，运动负荷不足，不能实现运动训练效果的最佳化。

（一）自我感觉

运动性疲劳首先表现为自我感觉到疲倦或者疲惫，主观上要求休息。

当运动员自我感觉到有运动积极性下降，呼吸紊乱、口干舌燥、心悸、恶心、全身乏力、头部昏沉、动作迟钝、脚步沉重，甚至动作僵硬、失调、肌肉痉挛或疼痛、食欲不振、睡眠不好等症状时，说明已处于疲劳状态。由于运动项目、运动性疲劳产生的原因及运动员自身状况的不同，处于疲劳状况的运动员的自我感觉各不相同。

（二）身体检查

可以通过观察运动员运动训练后身体的反应对其疲劳状况进行判断，比如脸色苍白、眼神无光、表情淡漠、连打哈欠、反应迟钝、情绪改变；动作准确性、协调性、节奏性紊乱；比赛时技术发挥不好、运动成绩明显下降等。这时结合相应的一些身体指标检查将有助于对运动员疲劳程度的判断，如血压下降、体温升高、心率加快等。

近年来，研究人员运用中医理论对优秀运动员出现的运动性疲劳症候进行调查研究，将运动性疲劳的各种症状归纳总结为三种类型，即形体疲劳、脏腑疲劳和神志疲劳。

1. 形体疲劳

形体疲劳主要指肌肉、肌腱和韧带、骨和关节的疲劳。疲劳症状有肌肉酸痛、发紧、发硬；肌腱、韧带和肌肉压痛广泛；动作不协调、僵硬；脉搏多弦；关节处肌腱、韧带和骨疼痛，有压痛、微肿或不肿等。

2. 脏腑疲劳

脏腑疲劳主要指大负荷运动训练或比赛后机体脏腑功能失调和下降。疲劳症状有脾胃功能失调、食积阻滞、食少腹胀、口淡无味、厌食；面色淡白、气短懒言、头晕目眩、舌淡脉弱、心悸腰酸、神疲乏力；女性月经失常等。

3. 神志疲劳

神志疲劳主要指运动员的精神和情志的改变。疲劳症状有失眠不寐、精神不振、困倦厌训等。

（三）生理生化指标检测

运动员的自我感受反映了其疲劳状况，但是主观感受到的疲倦不能准确反映人体内疲劳状况发生的程度。通过检测运动员不同组织、器官和系统的生理功能指标及生物化学指标的变化，能够更加精确地量化运动员的疲劳状况，有助于运动员疲劳程度的判断。

1. 生理机能指标

（1）运动系统指标

①肌肉力量和耐力。肌肉力量和耐力下降是肌肉疲劳的主要特征，可在训练前后或次日凌晨检测肌肉力量和肌肉耐力的变化及恢复程度，由此对疲劳的程度和恢复情况进行评价。肌肉力量评价的常用检测指标是最大随意收缩力，而肌肉耐力可以通过测量定量重量负荷的持续时间或重复次数进行评价。肌肉疲劳的程度与肌肉力量和肌肉耐力下降的程度成正比。

②肌肉硬度。肌肉疲劳时收缩机能下降，而且放松能力也下降，表现为肌肉不能充分放松，肌肉硬度增加。

③肌电图。肌电图（EMG）是肌肉兴奋时所产生的电位的变化，也可反映肌肉兴奋收缩程度，运动过程中的 EMG 变化可确定神经系统和骨骼肌的机能

状态，通过 EMG 可反映出肌肉是否疲劳。神经肌肉系统疲劳时，肌电图的一般特征为积分肌电值增加，肌电功率谱的高频成分减少，低频成分增加，即肌电功率谱左移。

（2）心血管系统指标

①心率。心率是常用的评定运动性疲劳最简易的指标，一般常用基础心率、运动后即刻心率和恢复期心率对疲劳进行评价。

基础心率是基础状态下的心率，即在清晨起床前，运动员处于清醒、静卧状态时的心率，一般用脉搏表示。身体机能正常时，基础心率相对稳定；如果进行大运动负荷训练后，经过一夜的休息，基础心率较平时增加 5 次 / 分钟以上，则认为有疲劳累积现象。如果连续几天持续增加，则应调整运动负荷。

可采用遥测心率方法测定运动中的心率变化，或用运动后即刻心率代替运动中的心率。按照训练—适应理论，随着训练水平的提高，完成同样运动负荷时，心率有逐渐减少的趋势。通常情况下，如果完成同样强度的定量负荷运动心率增加，则表示身体机能状态不佳。

人体进行一定强度运动后，经过一段时间的休息，心率可恢复到运动前状态。身体疲劳时，心血管系统机能下降，可使运动后心率恢复时间延长。因此，可将定量负荷后的心率恢复时间作为疲劳诊断指标，如在 30 秒时间内进行 20 次深蹲的定量负荷运动。一般心率可在运动后 3 分钟内恢复到运动前水平，而身体疲劳时，这一恢复时间则会明显延长。

②心电图。心脏疲劳时，心电图会发生明显的改变，出现心律不齐等症状。

③血压体位反射。进行大运动负荷训练后，植物性神经系统调节机能因疲劳而下降，使血管收缩与舒张运动的调节发生障碍。血压体位反射主要是测定心血管系统的调节机能，其方法如下：受试者成坐位姿势，静息 5 分钟，测定安静时的血压。受试者仰卧并保持卧姿 3 分钟。测试人员推受试者背部使其恢复坐姿（不能让受试者自己坐起），立即检测血压，并每隔 30 秒检测一次，共持续 2 分钟。如果在 2 分钟内血压完全恢复即为正常，2 分钟内恢复一半以上为调节机能欠佳，2 分钟内完全不能恢复为调节机能不良。

（3）呼吸系统指标

呼吸系统指标通常可以用呼吸肌的疲劳来衡量，采用肺活量计，连续测定5次肺活量，每次间隔30秒。如果5次肺活量值连续下降，说明存在呼吸肌疲劳现象。

（4）神经系统指标

①反应时。反应时间（Reaction Time）简称反应时，又称为反应潜伏期，是指从接受刺激到机体做出反应动作所需的时间，即刺激与反应之间的时间间隔。

②闪光融合频率。闪光融合是以闪烁的光作为视觉刺激，当其达到一定的频率所引起的心理效应，称为闪光融合现象。对于刚刚产生闪光融合感觉的闪光频率，叫作闪光融合频率。

③皮肤空间阈值。人在疲劳状态下，其触觉机能会逐渐地下降，机体辨别皮肤两点最小距离的能力下降。疲劳时其阈值较安静时大1.5倍以上为轻度疲劳，如果大2.0倍以上则为重度疲劳。

④脑电图。脑电图（Electroencephalogram，EEG）是脑神经细胞电生理活动在大脑皮层或头皮表面的总体反映。EEG可反映中枢神经系统机能状态，一般安静状态下慢波极少，而在运动后出现疲劳时，EEG中慢波明显增多，表明大脑皮层抑制过程占优势。

2. 生化代谢物质指标

（1）血液指标

血红蛋白是红细胞中一种含铁的蛋白质，它的主要生理功能是运输氧气和二氧化碳，并对酸性物质起缓冲作用，参与体内酸碱平衡调节。血红蛋白对耐力运动员的专项素质尤为重要。在运动员训练和比赛期间，血红蛋白的含量受营养、运动负荷和休息等诸多因素的影响。因此，血红蛋白是评定运动员机能状况最常用的指标。如果运动员血红蛋白呈现持续下降趋势（下降10%～15%），并且长时间处于较低的水平，则表明运动员处于疲劳状态；如果下降达20%或更高，则表明运动员处于过度疲劳状态。

（2）尿液指标

正常成年人尿中蛋白质含量极少，人体一天尿中排出蛋白质的总量在 150 毫克（一般为 2 ~ 8 毫克 /100 毫升）以内，采用常规方法不易检查出来，故称为尿蛋白阴性。运动会引起一些人尿液中蛋白质含量增多。这种由于运动引起蛋白质含量增多的尿，称为运动性蛋白尿。运动后尿中蛋白质排出的数量可以作为评定运动员身体机能状况、运动负荷强度和数量的指标。运动后尿蛋白的数量与运动量有关，尤其与运动强度关系密切，同时也与运动员身体机能状况有关，因而可用尿蛋白出现的数量评定运动量，特别是评定运动强度。

3. 心理学指标

（1）观察评定

观察评定是指在训练过程中教练员观察运动员在运动中的各种表现，从而合理地确定训练的内容和负荷，以提高训练的效果。运动员在训练中表现出的心理疲劳的症状一般有反应迟钝、注意涣散、精神恍惚、情绪烦躁、思维混乱、动作缓慢等。心理疲劳会严重影响到运动员训练的效果，因此要引起足够的重视。观察评定是一种容易操作的方法，但其评定的尺度很难掌握。另外，它对观察人员的综合素质要求较高，在很多情况下由于观察人员的疏忽容易对心理疲劳现象的观察造成不正确的评定。

（2）主观感觉评定

主观感觉是自我判定身体疲劳的重要依据。如果参加运动训练后，虽然工作能力有一定的下降，但是却感到身体轻松、舒畅，并无不良的反应，是一种舒服的疲劳，说明这种疲劳是体育锻炼的正常反应。如果参加运动锻炼后，出现头昏、恶心、胸闷等症状，甚至出现厌恶体育锻炼的情绪，这就说明身体疲劳程度较重，应及时调整。

三、运动性疲劳的恢复措施

（一）一般恢复

1. 节假日的生活安排

对大学生来说，节假日休息是消除疲劳、防止疲劳进一步积累的好办法。所以，当感觉劳累时一定要利用星期天对自己进行调整。星期天与其他节假日的活动要安排得有意义一些，尽量去户外活动，最好到大自然中去呼吸新鲜空气，这样才能消除繁重的学习带来的疲劳，有益于身心的健康。

2. 保证睡眠质量

睡眠是恢复体力、消除疲劳非常有效的方法之一。人在睡眠时，人体的器官、系统活动下降到最低水平，物质代谢减弱，能量消耗仅维持到最低水平，这时合成代谢有所加强，运动时消耗的能源物质逐渐得到恢复。同时，睡眠对大脑皮质细胞来说也是一种保护。因此，合理安排作息时间，讲究睡眠卫生，并始终如一地贯彻下去对预防运动性疾病具有重要的作用及意义。为了保证睡眠的质量，大学生平时要注意以下事项：

（1）睡眠要有规律，养成按时入睡与按时起床的良好习惯。

（2）保证足够的睡眠时间。

（3）睡眠不足时应在白天补足。午睡时间以 30 ~ 60 分钟最适宜，可弥补睡眠不足。

（4）保持良好的睡眠环境。

3. 合理摄取营养

除休息和睡眠等手段外，补充营养物质也是预防疲劳的重要措施。在营养补充中，大学生要注意膳食平衡的原则，不能盲目补充，也不能补充过量。

4. 沐浴

沐浴可以加速人体新陈代谢，改善全身血液循环，调节机体，使机体兴奋，对缓解人体疲劳具有重要的作用。人体疲劳时常常表现为肌肉酸痛，这时进行温水浴可以刺激副交感神经起到镇静的作用。一般来说，40℃的温水浴对消除疲劳最理想，入浴时间以 20 分钟左右为宜，如果入浴时间过长、水的温度过高，反而因消耗大而造成疲劳，因此要根据自己的具体情况，进行适当控制。除此之外，桑拿浴、保健浴等对疲劳的消除也有一定的效果。

5. 按摩

以全身性、轻手法按摩效果最显著。按摩促进疲劳恢复的机理是，通过按揉手法，使皮肤和肌肉的血液、淋巴循环加强，按摩时间应限制在 30 分钟左右，时间不能过长，手法不能过重。也可采用按摩带、按摩椅、滚动按摩器按摩床、摇摆按摩床、加压按摩器、负压按摩器等器械进行按摩，有助于消除疲劳。

6. 音乐欣赏

音乐的奇特效果是令人难以估量的。音乐可以使中枢神经系统的疲劳得到缓节，可调节呼吸、循环系统功能，对骨骼肌能产生影响。特别是低音域的音乐和歌曲，有镇静、镇痛、增强记忆力、改善注意力的作用。应根据运动者的情绪选曲，应考虑到个人的文化素质和对音乐的欣赏能力。

以上分别叙述了消除疲劳恢复体力的主要方法。在生活中，单独采取任何一种方法效果都不理想，必须依据每个人的具体情况进行综合性的运用效果才显著。

（二）营养恢复

运动性疲劳产生的原因之一，就是能源物质的大量消耗，当补充一定的营养后，机体就能得到很快的恢复。

1. 糖的补充

糖是人体运动的基本能源物质。人体内肌糖原储量的多少直接影响到运动的能力，因此在参加运动训练时要重视糖的补充。

2. 蛋白质的补充

蛋白质是一切细胞和组织结构的重要成分，是维持生命的物质基础，大运动量训练时应注意蛋白质的补充，特别是必需氨基酸的补充。

3. 碱性盐类的补充

在进行大强度运动时，人体会产生一些乳酸等代谢产物，会导致出现肌肉疲劳的现象。运动后适当地补充碱性盐类，对缓解肌肉疲劳具有重要的作用。在服用碱性盐时，可在运动前 30 ～ 60 分钟加在足够的水或饮料中饮用。

4. 维生素的补充

维生素缺乏时，会影响运动者的运动能力，因此应注意维生素的补充，尤其是维生素 B1、维生素 B2、维生素 B6、维生素 C、维生素 E 的补充，但需要注意的是，不要过量补充。

（三）运动性手段恢复

1. 肩部疲劳消除法

作用：消除身体疲劳；增强活力，强化脊背、心脏的机能。

方法：①仰卧。②屈膝。③用肩部和脚掌支撑身体。④在酸痛的肩部停留 10 秒。

时间：1 分钟。

2. 胳膊疲劳消除法

作用：消除胳膊的酸痛和疲劳，消除懒倦。

方法：①用手掌轻轻地摩挲整个酸痛的胳膊。②按顺序按摩小臂、肘部、三角肌。在按摩过程中用手指满指尖寻找硬化部分，然后利用淋巴按摩法按摩。③要特别注意按摩胳膊上发麻和发硬的地方。④按摩肩部。⑤运用前后摇动的胳膊运动疗法。

时间：3 分钟。

3. 腰部疲劳消除法

作用：消除腰部的酸痛和疲劳，使身体富有柔软性；扩张胸部。

方法：①屈膝跪地或跪在床上，用双手抓住自己的脚脖。身体后仰，胸部前倾。此时要注意深呼吸，保持此姿势 6 秒。②腰部的淋巴按摩法：俯卧，轻轻按摩脊椎骨、腰部和臀部，要特别注意按摩淋巴停滞的地方。

时间：动作需做 5 次，每次 6 秒。

4. 大腿疲劳消除法

作用：消除大腿和脚部疲劳，消除脚部浮肿。

方法：①坐下后弯曲一条腿。②用淋巴按摩法从脚脖往上按摩。③要特别注意轻轻地按摩膝盖后部。

时间：3 分钟。

5. 全身疲劳消除法

作用：消除全身疲劳，解除身体的压迫感，强化肠胃功能，增强耐力。

方法：①仰卧在地板或床上，双手呈十字水平推开。②双腿并拢，举到头部上端。③把脚尖放在头前的地方静止 6 秒。④慢慢地把双腿复归原处。

时间：30 秒。

（四）物理及理疗手段恢复

1. 消除肌肉迟发性酸痛的持续静力牵张练习

静力牵张练习可以缓解运动后迟发性肌肉酸痛和肌肉僵硬，使肌肉放松，并可加强骨骼肌蛋白质的合成过程，促进骨骼肌变化的恢复。

静力牵张伸展练习要以静为主，动静结合。开始进行静力牵张伸展练习时，伸展动作的速度要比较缓慢，伸展幅度要适当。牵张练习持续时间约 1 分钟，间歇 1 分钟，重复 2 ~ 3 次为 1 组。牵张时间的长短、重复组数的多少，以及每天进行牵张练习的次数，可根据负荷大小而定。静力牵张伸展练习最好在主项训练结束后立即进行。牵张后可适当配合揉捏、抖动等按摩手法，有利于消除牵张引起的不适感。

2. 理疗

常用红外线、生物频谱仪、生物信息治疗仪等消除运动后的疲劳。理疗可以促进血液循环、改善血液供应，有利于营养物质的吸收和代谢产物的排泄，达到消除疲劳的目的。

3. 拔罐及刮痧疗法

拔罐及刮痧疗法通过刺激人体的经穴，可以改善血液循环，促进新陈代谢，有利于组织代谢产物的排泄，使疲劳得以消除。

4. 吸氧及空气负离子疗法

吸氧可以促进新陈代谢，改善微循环，有助于消除疲劳。如果有条件，在大运动量训练后采用高压氧治疗，对消除疲劳有明显效果。空气负离子能改善肺的换气功能，增加氧吸收量和二氧化碳排出量，改善大脑机能，刺激造血机能，使红血球、血红蛋白、血小板增加，血流速度加快，心搏输出量加大，扩张毛细血管，加速乳酸的代谢，因此有助于疲劳的消除。

需要说明的是，要想获得好的消除疲劳的效果，必须根据个人的具体情况加以综合运用，单独采用以上任何一种方法消除运动疲劳，其效果都不够理想。

第二节　体能训练运动处方的制定与实施

一、运动处方的概念

运动处方是针对从事体育锻炼者或康复患者，根据医学检查资料（包括运动试验和体力测验），按其健康、体力及心血管功能状况，用处方的形式规定运动种类、运动强度、运动时间及运动频率，提出运动中的注意事项，指导人们有目的、有计划和科学地锻炼或者进行康复活动的一种方法。

1. 合理良好的运动处方可以有效改善身体状态，提高对环境的适应能力，增进身体健康，预防疾病，预防由缺乏运动引发的肥胖症、高血脂、冠心病等。

2. 采用合理良好的运动处方，坚持循序渐进、持之以恒的锻炼可以有效地提高身体素质水平，进而提高锻炼者的综合运动能力。

3. 科学合理地制定并实施运动处方能最大限度地减少意外伤害事故，大大提高康复治疗的安全性。

二、运动处方的要素及特点

（一）运动处方的要素

运动处方一般包括运动方式、运动强度、运动持续时间、运动频率等内容，被称为运动处方四要素。

1. 运动方式

现代运动处方的运动形式包括三类：第一，有氧耐力运动项目，如步行、慢跑、速度游戏、游泳、骑自行车、滑冰、越野滑雪、划船、跳绳、上楼梯及功量自行车、跑台运动等；第二，伸展运动及健身操，包括广播体操、气功、武术、舞蹈及各类医疗体操和矫正体操等；第三，力量性锻炼，如自由负重练习、部分健美操等。

参与运动训练的大学生要结合自身的特点和能力选择一些适合自己的运动项目。如以健身或改善心脏功能为主要目的，多参加走、慢跑、游泳、自行车等耐力性项目；为了增强肌肉，宜选择力量性项目；为了松弛精神，缓解神经衰弱，可选择太极拳、保健按摩、散步和放松体操等。

2. 运动强度

运动强度指在单位时间内所完成的运动量。运动量的安排是否合理和恰当对运动员的训练具有较大的影响。在制定运动处方时，要遵循因人而异的基本原则，运动负荷强度的选择要根据心率、自感用力度、最大吸氧量储存百分比进行定量化设计和监测。在选择运动强度时，不要过高也不要过低，应该有一定难度，而且通过努力是可以实现的，这样才能有效地促进机体的恢复。

3. 运动持续时间

运动持续时间和运动强度之间有着密切的关系。运动训练中总的运动量 – 运动强度 × 运动时间。在总运动量确定的情况下，运动强度与运动时间成反比。运动强度较大则运动时间较短，运动强度较小则运动时间较长。需要注意的是，在增加运动量时，先延长运动时间，然后提高运动强度。

4. 运动频率

对体能素质较低的人或者不常从事运动训练的人来说，一般一周进行 3 次运动锻炼就足以增进有氧适能，但随着运动强度和运动持续时间的持续增加，要想继续改善有氧适能，就必须相应增加运动的频率。大量的研究表明，体能的变化与运动频率有着直接的联系，每周运动 6 次的效果不只是每周 3 次的两倍，所以，为了增进体能或控制体重，要考虑适当地增加运动频率。但是，人体对训练刺激做出反应还需要一定的时间，长时间运动后还需要一定时间来消除疲劳以恢复运动能力，为此可以选择隔天一次的运动来提高运动的持续时间。

（二）运动处方的特点

1. 目的性强

运动处方通常都有明确的近期目标与远期目标。如以健康促进为目标的运动处方，通常以强身、健心、益智、怡情与健美为目标进行设计与实施。

2. 科学性强

制定运动处方时要严格按照运动医学、临床医学与运动科学的知识与原理进行，制定的运动处方必须要具有一定的科学性、可操作性与实效性。科学的运动处方能在较短的时间内取得提高体能、防治疾病、增进健康的效果，达到预期的目标。

3. 针对性强

运动处方是针对运动者个人的健康状况、体能水平、兴趣爱好、职业特点与环境条件等实际情况设计与制定的，具有一对一的针对性与典型的个性化特征。由于运动处方是针对个人的实际情况进行设计与制定的，因此具有良好的适应性与健康促进作用。

4. 计划性强

运动处方是根据运动者的实际情况而定的，不仅具有针对性，也有强烈的计划性。由于运动处方根据本人的需求进行设计与实施，因而易于坚持。练习者依据事先制定好的运动处方进行运动锻炼，能提高运动锻炼的兴趣，并逐渐养成终身运动的习惯。

5. 安全有效

运动者按照运动处方进行锻炼，花费时间不多，却能收到明显的成效。大学生在掌握终身运动健康的知识与方法后，对运动负荷量和运动效果可以及时进行自我监控与评价，这样能有效地防止运动伤害事故的发生。

三、运动处方制定的基本原理

通常情况下，运动处方主要采用中等强度有氧代谢为主的耐力性运动。因此，有氧运动的基本理论是运动处方的基础理论。为了获得更好的锻炼效果，运动处方应依据“超量恢复”的原理及“全面身心健康”的观点来制定。

（一）有氧运动的健身价值

人们从事健身运动的主要目的是增进健康，提高学习、工作和生活质量，而心肺血管系统功能是现代人最主要的健康素质。经常参加耐力运动对增强呼吸系统功能、提高心血管系统负荷及输氧能力，以及提高组织对氧的利用率具有显著的作用。可见，有氧运动对机体的影响是多方面的，将其作为运动处方的基本锻炼手段是科学和实用的。

有氧运动属于负荷强度较低的运动，这种运动强度的运动刺激使各种生理功能惰性逐渐被克服，呼吸、循环系统功能得到提高，人体需氧量与吸氧量之间达到动态平衡，体内不发生乳酸堆积，心率、每搏输出量和肺通气量等保持稳定状态，因而持续运动时间长、安全性高、脂肪消耗多，提供最大摄氧量和无氧阈值，改善有氧能力。

有氧耐力运动，对增强呼吸系统摄取氧、心血管系统负荷及输送氧的能力，以及组织的有氧代谢、利用氧的能力有显著的训练作用。因此，有氧运动对机体的影响有生理学的、生物化学的、心理学及社会学的多方面效果。

（二）超量恢复原理

运动时体内代谢过程加强，在运动中及运动停止后能量物质都在不断地进行补充和恢复，能量物质不仅能恢复到原有水平，而且超过原来能量储备水平，比运动前的能量物质的储备量还要多，称为“超量恢复”。这是运动训练学中大运动负荷训练原理的理论依据之一。

（三）全面身心健康概念

全面身心健康是指心血管系统的健康、肌肉力量与躯体柔韧性及精神与身体和谐发展。如果做到以下三项基本要求，并把它们维持在适度范围之内，达到动态平衡，就能促进全面身心健康，提高生活质量。

1. 人体每天需要一定量的营养补充，以保持细胞生长和代谢的需要。

2. 机体需要适当时间的休息和睡眠，以消除由于学习、工作和生活造成的疲劳。

3. 进行一定的体力活动，以保持肌肉、骨骼和内脏器官的功能。

四、运动处方制定的原则及步骤

（一）运动处方制定的原则

1. 针对性原则

每个人的具体情况是不同的，存在着较大的差异，因此，在制定运动处方时，必须因人而异，切忌千篇一律。运动处方内容必须根据每个人的具体情况量身定制，区别对待。这是制定运动处方的基本原则。

运动处方必须根据自身的体质状况和锻炼方法的可承受性合理安排运动内容和运动负荷量。在运动后，要根据自身营养状况、负荷量的强弱和锻炼过程中营养消耗的种类，结合健身目标配制饮食结构，才能促进身体的恢复，为健身目标提供能量的保障。

2. 安全性原则

在制定运动处方时，应对锻炼者进行一个全面的健康诊断和体力测试，以保证采用的训练手段、方法和运动负荷能有效地避免运动损伤的发生。在制定和实施运动处方时，应严格遵循各项规定和要求，明确服务对象的适宜活动内容和负荷强度，以确保其安全性。

3. 可操作性原则

制定运动处方时要考虑锻炼者所处的环境与锻炼条件，充分利用现有的体育资源，使运动处方制定后能够得到落实，具有较强的可操作性。

4. 全面锻炼原则

人体各个系统功能之间是互相联系和互相促进的，它们有各自的功能，不可互相替代。因此，在制定运动处方时，要充分考虑处方的内容、方法和对身体锻炼的部位、顺序和效果。针对健身者身体的薄弱部位“扬长避短”地实施健身处方的内容和方法，从而获得身心的全面发展。

5. 渐进性原则

运动处方的渐进性原则要求在运动锻炼中要由小到大地逐步增加锻炼的难度和负荷量，以有效地刺激机体，达到健身的目的。渐进时间和每次渐进的量应按照负荷和有效价值阈所规定的时间合理确定渐进的指标，并且按照每个指标安排渐进的幅度和阶段时间。

运动处方的渐进性原则主要是按照循序渐进的性质、遵循超量恢复的法则来逐步提高运动负荷量，从而达到逐步提高健身水平和增强体质的目的。突然的大强度、长时间的运动锻炼，不仅会违背循序渐进的原则和身体发展的基本规律，甚至有可能造成身体机能失调，不但不会增强体质，还会伤害到身体。

（二）运动处方制定的步骤

运动处方的制定主要包括三个步骤：健康调查与评价、运动试验和体质测试。

1. 健康调查与评价

进行健康调查的目的是了解参加锻炼者的基本健康状况和运动情况，主要包括以下基本内容：

（1）询问病史及健康状况。

其包括既往病史、现有疾病、家族史、身高、体重、目前的健康状况、疾病的诊断和治疗情况。

（2）了解运动史。

其包括参加锻炼者的运动经历、运动爱好和特长，在以往的运动中是否发生过运动损伤等。

（3）了解运动目的。

其包括了解参加锻炼者的目的和动机，对通过运动来改善健康状况的期望等。

（4）了解社会环境条件。

其包括参加锻炼者的生活条件、工作环境、基本的经济状况、可利用的运动设施和条件、有无健身和康复指导等。

2. 运动试验

运动试验是评定心脏功能、制定运动处方的主要方法和依据。运动试验方法的选择应根据检查的目的和被检查者的具体情况而定。运动试验主要应用于以下范围：

（1）为制定健身处方提供依据，提高健身处方实施中的安全性。

（2）评定体力活动能力。

（3）评定心脏的功能状况。

（4）冠心病的早期诊断，评定冠心病的严重程度及心瓣膜疾病的功能。

（5）运动试验可用于发现运动诱发的心律失常，其检出率比安静时的检出率高 16 倍。

（6）运动试验的重复性较好，可用来作为康复治疗效果的评定指标。

目前，运动试验中常采用的是逐级递增运动负荷的方法。测定时采用跑台和功率自行车。递增负荷运动试验是指在试验的过程中，逐渐增加负荷强度，同时测定某些生理指标，直到受试者达到一定运动强度的一种运动耐量试验。

3. 体质测试

体质测试是选择运动项目、运动强度、运动密度，制定科学有效的运动处方的主要依据。体质测试主要包括运动系统测试、心血管系统测试、呼吸系统测试和有氧耐力测试。

（1）运动系统测试。

运动系统测试主要是肌肉力量的测试。肌肉力量的检查方法主要有手法肌力试验和围度测试。

手法肌力测试：手法肌力测试是最早应用的肌肉力量的测试方法。其基本方法是让受测试者在适当的位置，肌肉做最大的收缩，使关节远端做自下向上的运动，同时由测试者施加阻力或助力，观察其对抗地心引力或阻力的情况。

围度测试：围度测试是根据肌肉力量的大小与肌肉的生理横断面有关的生理常识来测试肌肉力量的方法，通过测量肢体的围度可间接了解肌肉的状况。常用的指标主要有上臂围度、前臂围度、大腿围度、小腿围度、髌骨上 5 厘米的围度、髌骨上 10 厘米的围度等。使用肢体围度指标时须注意：肌肉和脂肪的变化均可影响肢体围度的大小。

（2）心血管系统测试。

心血管系统的测试主要包括静态检查和动态检查。常用的心血管系统的指标有心率、血压、心电图等。通过心血管系统测试，可以反映人体心脏功能，对运动处方的制定有着重要的指导意义。

（3）呼吸系统测试。

呼吸系统测试主要包括肺活量测定、通气功能检查、呼出气体分析、屏气试验、日常生活能力评定等多方面。呼吸系统是人体运动能力的重要反映，尤其对于一些激烈的有氧运动项目，对呼吸系统功能有着严格的要求。

（4）有氧耐力测验。

有氧耐力测验主要包括走、跑、游泳三种方式。目前，采用较多的有定运动时间的耐力跑，以及定运动距离的耐力跑。

通过以上几个步骤，可以对受试者的健康状况、体力水平和运动能力等有一个全面的了解，在制定运动处方时可以做到有的放矢。

五、运动处方的实施与监控

（一）运动处方的实施步骤

运动处方的实施一般包括三个部分：准备活动部分、基本活动部分和整理活动部分。

1. 准备活动部分

准备活动部分的主要作用是：使身体逐渐从安静状态进入工作（运动）状态，

逐渐适应运动强度较大的训练部分的运动，避免出现心血管、呼吸等内脏器官系统突然承受较大运动负荷而引起的意外，避免肌肉、韧带、关节等运动器官的损伤。在准备活动部分中，常采用运动强度小的有氧运动和伸展性体操，如步行、慢跑、徒手操、太极拳等。准备活动部分的时间，可根据不同的锻炼阶段灵活地变化。在开始锻炼的早期阶段，准备活动的时间一般为 10 ～ 15 分钟；在锻炼的中后期，准备活动的时间可减少为 5 ～ 10 分钟。

2. 基本活动部分

基本活动部分是运动处方的主要内容，是达到康复或健身目的的主要途径。基本部分的运动内容、运动强度、运动时间等都应按照具体运动处方的规定来实施。

3. 整理活动部分

在运动结束后，应安排一定内容和时间的整理活动。整理活动的主要作用是避免出现因突然停止运动而引起身体不适状态，如头晕、恶心等，对防止运动损伤有较好的效果。常用的整理活动方法有散步、放松体操、自我按摩等。整理活动的时间一般为 5 分钟左右。

（二）运动处方实施过程中的监控

在运动中，产生的适度疲劳是正常现象，对机体是无害的，因为适度疲劳可以促进机体功能增强，提高健康水平，但是锻炼者需要防止的是对身体健康有害的过度疲劳。因此，在运动处方实施的过程中要采取一定的措施加强监控。

1. 自我监督

在运动过程中注意观察自己的健康状况和身体功能状态。观察的内容有：主观感觉（运动心情、不良感觉、睡眠、食欲、排汗量等）和简单的客观检查（脉搏、体重、运动效果等）。

2. 医务监督

有较严重疾病的患者实施运动处方时，须在有医生指导或有医务监督的条件下进行运动。如心脏病人实施运动处方时，应具有心电监测条件和抢救条件。

第三节 体能训练的心理调节

一、常用的心理调节的方法

意念训练法和诱导训练法是心理能力训练中常用的方法，我们在体能训练的过程中也可以适当地采用。

（一）意念训练法

意念训练法是指运动员有意识地、积极地利用头脑中已经形成的运动表象或充分利用想象进行训练的方法。

意念训练对技战术训练具有明显的作用，如在训练之前通过对技术要领方法的想象在大脑皮层中留下技术“痕迹”，然后在训练中把这些痕迹激活，可使动作完成得更加正确、顺利。又如，在训练之后，对刚刚完成的训练进行技术“回忆”，使正确动作在脑海里更加巩固。假如动作中出现错误，在回忆中伴随着对错误动作的“纠正”，与正确技术进行对比，可以使其得到“克服”，避免下次训练中再次出现。

进行意念训练时，要积极主动地有意识地发展思维，使思维与各种运动感觉结合起来，把头脑中的想象变成运动中机体的“活力”，使训练者注意力高度集中，闭目训练常可收到良好效果。

从某种意义上讲，自我暗示也属于意念的范畴，在训练前，一方面可以想象动作的完美过程，另一方面也可以用暗语进行自我动员与激励，取得技术想象与心理调控的双重效果。

意念训练可在暗室间里进行，最好在一个舒适地方坐着或躺着进行。

（二）诱导训练法

诱导训练法是指在训练中采用有效刺激物把运动员的心理状态引导到某一个事物或方向上去的训练方法，可为顺利完成训练与比赛任务建立良好的心理状态。

诱导训练法是训练者通过教练员、心理学专家等他人的诱导，或用录像带等外界刺激来完成的。意念训练法和诱导训练法的区别是，意念训练的诱导者是训练者自己，诱导训练的诱导者则是他人。

诱导的途径是多样的。诱导者常常发出语言信号，由运动员的听觉器官接收信息，并按预定要求去实施。鼓励与批评、说服与疏导、启发与幽默都是语言诱导的常用手段。1981 年中国女排在第一次夺得世界冠军比赛中，与美国队比赛开始前 30 秒之内，教练员袁伟民没有对队员讲打法，也没有提思想作风的要求，在剑拔弩张的紧张气氛之中，他只是要求队员们“打一场轻松的球、愉快的球”。结果比赛进行得很顺利、很成功。诱导者也可以通过做示范、展示图片、放录像或电视，把诱导信息传递给运动员，经由运动员的视觉器官接受信息，并按预定要求去实施。

需要注意的是，使用诱导训练法训练时所采用的诱导手段应是运动员感兴趣的，能引起运动员注意力转移的。诱导者可以是教练员、心理学家，也可是同伴，但均应是运动员愿意接受的。另外，安排诱导训练要切实有效，切不可随意滥用，以防产生副作用。

二、几种心理现象的克服方法

（一）心理紧张的克服方法

较少参加体能训练的人在训练之前往往会产生一定的心理问题，主要表现为心理过度紧张。心理过度紧张会使大脑皮层对植物神经系统和皮层下中枢的调节活动减弱，呼吸短促、心跳加快；更有甚者四肢颤抖、尿频，这必然使训练者心理活动失常，很难把注意力集中到训练上，失去控制自己行动的能力等，必然会影响到训练的效果。造成心理过分紧张的原因有很多，需要在日常训练中采取一定的措施加以克服，常用的克服心理紧张的方法有以下几种：

1. 表象放松法

表象放松法是指使训练者想象他通常感到放松与舒适的环境，让训练者在头脑里置身于这个环境之中，使身体得到放松。使用这种方法的关键在于使表象中的环境清晰，在人脑中能生动地再现想象的环境，增加情境对训练者的刺激强度。

2. 自我暗示放松法

开始由教练员指导训练者依次放松身体的各个肌肉群，同时增强呼吸，经过几次指导之后，让训练者自己独立完成。在开始时要花费较长的时间才能使全身肌肉得到放松，以后会使时间逐渐缩短，最后可用较少时间使全身肌肉得到放松。在进行放松时，还可使用暗语或录音带。

3. 阻断思维法

具体做法是，当训练者由于信念的丧失出现消极思维，引起心理紧张时，训练者大吼一声，或者向自己大喊一声“停止”，去阻断消极驱动力的意识流，以积极思维取而代之。教练员还可以确定一个响亮的信号供运动员做阻断消极思维用。此外，教练员还可以帮助运动员确定一个用以代替消极思维的积极而切实可行的活动，用以阻断消极思维。

4. 音乐调节法

选听不同的音乐能使人兴奋，也可使人镇定。音乐给予人的“声波信息”可以消除大脑所产生的紧张，也可以帮助人内在地集中注意力，促使大脑的思想井然有序，从而调节情绪。

5. 排尿调节法

人在情绪过分紧张时，会出现尿频现象，这是因为情绪过分紧张，大脑皮层抑制过程减弱，兴奋过度，使得大脑皮层下中枢和植物神经系统调节作用减弱，如果能及时排尿，会使训练者产生愉快感，使心理和肌肉得到放松。

（二）心理胆怯的克服方法

心理胆怯是一些训练者经常出现的一种心理状态，心理胆怯使大脑皮层的控制系统陷入混乱状态，打乱了神经系统的控制，引起机能失调。克服胆怯的方法是找出使训练者胆怯的原因，解除思想负担。一般来讲，造成训练者胆怯的原因有：（1）训练者不相信自己的力量，对训练缺乏胜利的信心。（2）训练者对练习结果计较得过多，压力过大。（3）训练者对环境不适应，会感到一种特殊的刺激气氛，产生胆怯。对训练者心理胆怯的克服方法，必须对症下药，有的放矢。

（三）情绪消极的克服方法

情绪消极是指训练者在激烈竞争的刺激下，对超限心理负荷所产生的一种失常的心理体验，表现为心情不安、有恐惧感、紧张过度和情绪失控。由于这些心理状态的出现，使训练者的生理状态发生一系列的变化，如心跳加快、呼吸困难、四肢无力等，并会导致智能下降、知觉迟钝、行为刻板，对比赛失去信心。克服情绪消极的方法主要有以下几种：

1. 激励法

根据训练者个性与客观影响，激发训练者的士气，把消极情绪转化为积极情绪。

2. 转移法

训练者的恐惧、不安和紧张的心理状态往往是由于特定的思维定式和注意定向所引起的。对此可采用注意力转移方法，使用一些刺激物消除引起情绪消极的诱因，从而减缓和排除消极情绪。

3. 升华法

在训练时常出现训练者的某些“能量”在一定场合下释放得恰到好处，可是在另一种场合下适得其反的现象。如勇气是训练者必有的品质，可是有时在某些场合下有的训练者也可能干出一些凭蛮劲而盲动的事情。这时，可以通过升华法，使训练者提高认识，增加克制力，规范自己的行为。

4. 暗示法

利用客观刺激物对训练者的心理进行调节，如在比赛中训练者看到教练员的从容表情、轻松的语言及和蔼的态度等都会得到鼓舞，消除消极情绪。训练者也可通过自我暗示，运用指导语来调节中枢神经系统的兴奋与抑制，从而形成一系列反射活动，使消极情绪得到控制。

5. 体验法

有消极情绪的训练者通过参加训练去体验，提高训练者对恐惧、紧张的免疫力，控制消极情绪的产生。

（四）心理淡漠的克服方法

心理淡漠与训练者大脑皮层兴奋过程下降、抑制过程加强有关。训练者心理淡漠，表现为情绪低落、意志消沉、精神萎靡、体力下降，对训练缺乏信心，知觉、注意力强度减弱，反应迟钝，严重影响训练效果。克服心理淡漠的方法主要有以下几种：

1. 帮助训练者分析心理淡漠的情况，并且应制定具体可行的措施，使之增强信心。

2. 帮助训练者端正对比赛的正确态度。

3. 防止过度训练，使训练者情绪高涨，以饱满的热情参加训练。

（五）注意分散的克服方法

注意是心理活动对一定事物的指向的集中。把注意集中在某一对象或活动上为注意的稳定性；和注意稳定性相反的，是注意的分散，即通常所讲的“分心”。造成注意分散有客观与主观两方面的原因。外部刺激常易造成注意分散，如果出现一种能够引起不随意注意的客观事物时，常会吸引我们的注意力，从而出现注意分散现象。克服注意分散的方法主要有以下几种：

1. 平时应加强培养训练者不为其他念头或事物干扰而分心的能力。

2. 使训练者对他所从事的事业、所实践的活动有强烈的愿望和浓厚的兴趣，这种来自内部的动机会使人的注意力高度集中。

3. 在日常生活中养成做事有头有尾、坚持到底的良好习惯。

4. 在训练时，要引导训练者不要多想训练的结果，而应把注意力集中在训练的过程上。

5. 视物法。训练者将注意力集中于一个目标，然后闭眼努力回忆这个目标形象，多做几次，直至目标在头脑里清晰地再现为止。

6. 看表法。注意力集中看手表秒针的转动，并记录下每次持续的时间，每次练习不少于 3 ～ 4 次，持续时间以能超过 5 分钟为好。

第七章　高校体能训练的运动营养

第一节　不同项目运动员体能训练的营养

一、中长跑运动员体能训练的营养特点

（一）运动中适量补糖和补液有利于提高运动能力

中长跑运动员在训练中的补糖量和补糖时间一直为人们所关注。适量补糖有利于提高运动能力，但过量补糖会延长胃的排空时间，损害运动能力。1992年，霍利等对在运动中重复补液做了研究，同时测量了胃的排空率和糖的氧化率，其结果显示，液体自胃的排空量至少是运动肌肉完全氧化糖量的2倍；70 ~ 90分钟运动后，糖氧化率峰值的摄糖量约为1g/h。提示：运动中的补糖量不宜超过1g/kg体重。在中等强度运动的第一个小时中，糖的氧化量不大于30g，运动至90分钟时，糖浓度可增加至7%。国际业余田径联合会（International Amateur Athletic Federation，IAAF）提倡在超过10km以上的比赛时，应采用含糖、电解质饮料，提供充足的液体、糖和电解质，以补充运动中液体和能量的损失。

（二）女运动员在集训或比赛期间应注意补充铁和钙

女运动员体内的铁储备低，由于月经失血，加上不良的饮食习惯，容易发生缺铁性贫血。为改善运动员铁的营养状况，增加动物性铁的摄入，如瘦肉、猪肝、动物全血；为增加铁的吸收，还应增加维生素C的摄入量；必要时在医

生指导下可服用铁剂，同时应注意避免过量补充。

女运动员在运动超负荷时，可发生月经紊乱，雌激素水平下降，可能发生运动性骨量减少甚至骨质疏松，应注意监测钙营养状况。女运动员每日至少应摄入钙 800 ~ 1000mg，闭经的女运动员是应激性骨折的易感人群，每日应摄入钙 1200 ~ 1500mg。

二、举重运动员体能训练的营养特点

举重运动员体重差别大（48 ~ 130kg），营养需要差异很大，即使体重相同，营养需要也会因运动负荷不同而有差别。

（一）能量和营养素需要

国外推荐举重运动员训练期间每日能量摄入量男、女分别为 14.6 ~ 23.0MJ（3500 ~ 5500kcal）和 12.5 ~ 18.8MJ（3000 ~ 4500kcal），我国推荐的举重运动员能量摄入量为 14.6 ~ 19.6MJ（3500 ~ 4700kcal）以上。罗戈津提出蛋白质的供给量应为 1.4 ~ 1.8g/kg（占总能量的 15% ~ 16%），碳水化合物 8 ~ 10g/kg（总能量的 58% ~ 60%），脂肪 1.7 ~ 2.4g/kg（总能量的 25% ~ 26%），有充足的维生素和矿物质调节细胞代谢、生物合成及修复过程等，并且膳食多样化，食物易消化吸收，适合个体生理需要，口感好等。我国举重运动员的蛋白质和脂肪的摄入量均超过 2g/kg，而碳水化合物摄入不足，维生素 A、维生素 B1、维生素 B2 等摄入不足，主要原因是运动员肉类食物摄入过多，食物烹调用油量大和主食摄入过少。

（二）举重运动员体能训练的营养补充剂

1. 肌酸：目前肌酸已被运动员广泛使用，但服用后有体重增加和肌肉僵硬两种副作用，这在一定程度上限制了使用。

2. 氨基酸：许多举重和健美运动员为增加生长激素和胰岛素分泌，采用氨基酸补充剂，常用的有精氨酸、鸟氨酸和赖氨酸三种。

3. 中链脂肪酸：这种脂肪酸（6 ~ 12 个碳原子的脂肪酸）的吸收速度快，

能量密度高，每克提供能量 35.3kJ（8.4kcal）。但高剂量会引起胃肠道副作用，而且价格昂贵。

三、体操运动员的营养特点

体操运动员的特点是：①年龄偏小，优秀运动员多数在 16 ~ 19 岁，处于生长发育阶段。②训练时间长，每日训练可达到 3 ~ 5 小时，一周可达 30 小时。③普遍存在能量摄入不足和钙、铁缺乏等营养问题。运动员采取限制饮食措施控制体重，容易发生饮食紊乱及其他影响生长发育的健康问题，如女运动员月经异常和闭经、应激性骨折、缺铁性贫血等。④竞技体操运动是反复高强度、短时间的无氧运动，主要以糖和磷酸肌酸作为能源。⑤外伤发生率高，可能与训练、钙营养、骨健康、运动中的能量供应等多种因素有关。

（一）能量

体操运动员能量需要和摄入水平因年龄、训练水平及控制饮食等情况不同而异，许多国家的体操运动员能量摄入量未能满足需要，我国男、女体操运动员能量推荐摄入量分别为 14.6MJ/d（3500kcal/d）和 11.7MJ/d（2800kcal/d），而男女体操运动员实际能量摄入分别是 13.9MJ/d（3310kcal/d）和 9.6MJ/d（2298kcal/d）。体操运动员对低能量产生适应反应，为增加能量的储备，可通过降低代谢率、提高胰岛素敏感性使体脂肪增加。说明限制能量摄入对维持低体脂不利，并可造成运动员进一步限制饮食的不良循环。

体操运动一般为无氧运动，主要以糖原和磷酸肌酸能源。糖原储备量与摄入碳水化合物有关，而肌酸储备可由适量摄入肉和蛋类食物获得。根据体操运动的性质，运动员应限制脂肪的摄入量，脂肪不仅代谢慢，而且摄入过多会加增体脂。体操运动员产能营养素供能比以脂肪 20% ~ 25%、蛋白质 15%、碳水化合物 60% ~ 65% 为宜。

营养调查显示，体操运动员的脂肪摄入量常超出总能量的 30%，而碳水化合物摄入不足。虽然碳水化合物对体操运动员很重要，但糖原负荷法对体操运动员并不适宜，因 1g 糖原携带 2.7g 水分，肌肉组织糖原过度饱和的同时水分也被带入肌肉，使肌肉僵硬和笨重，这对体操需要的技巧，如柔韧性、易适应性和弹性等不利。因此，应鼓励运动员摄入碳水化合物，但不必进行糖原负荷。低碳水化合物饮食还会影响运动员情绪，高碳水化合物、适量蛋白质、低脂肪膳食对有氧或无氧运动都是最好的能源，并应增加复合糖，减少脂肪保证能量充足是体操运动员合理营养的基础。

（二）维生素

我国体操运动员营养调查结果显示，约 20% 运动员血清维生素 A 处于低下状况，但无明显的临床体征。约 40% 运动员处于维生素 B1 不足或缺乏状况，应选择维生素 A 和 B 族维生素含量丰富的食物，必要时可补充维生素制剂。

（三）钙

国内外体操运动员，尤其是女运动员普遍存在钙缺乏的问题。我国运动员钙摄入量不足与部分运动员不饮奶有关。体操运动员虽然钙摄入量不足，但骨密度较高，这可能与体操运动刺激钙在骨骼沉积有关。体操运动员骨密度虽高，但骨发育不良，与骨丢失有关。引起运动员骨丢失的因素包括以下几种：①女运动员原发性和继发性闭经；②运动训练所致较高的皮质醇水平；③钙摄入量低；④低体重和低身高；⑤运动员的瘦体重（肌肉）水平高，可能使骨密度不足以维持其肌肉力量。因此，体操运动员要增加的钙摄入量应以 1000 ~ 1500mg/d 为宜，从而保证骨发育，减少骨外伤。膳食钙不能满足需要时，可适当补充钙制剂。

（四）铁

女子体操运动员铁摄入量较低，多数运动员铁摄入量未达到供给量标准。铁营养不良引起免疫能力降低，对生长发育、肌肉力量和智力均有影响，即使轻度缺铁性贫血也会影响运动能力。少年运动员处于快速生长期，同时伴有血容量扩大，铁的需要量增加。女体操运动员月经初潮后延，生长曲线相对平缓，也可能使铁的需要量减少。因此，应增加铁含量丰富的食物的摄入量，必要时可补充铁剂。

四、自行车运动员体能训练的营养特点

（一）能量

自行车运动员的能量转换率极高，其能量需要与耐力性项目运动员相似，为 15 ~ 25MJ/d（3500 ~ 6000kcal/d）。膳食调查结果显示，我国运动员能量摄入量为 18.1MJ（4340kcal/d）。如果运动员每日进行 4 ~ 6 小时的训练，在运动前 1 ~ 3 小时停止进食，加上剧烈运动抑制饥饿感使食欲降低，实际摄入的能量不能满足需要，难以维持能量平衡。因此，在自行车运动员膳食中，碳水化合物可占总能量的 65% ~ 70%。运动后多补充一些高糖饮料有利于维持能量平衡；同时，可采用加餐措施，如饮用含糖饮料或食用水果、点心、巧克力等，尽量选用低脂肪和含有适量微量元素的食品。

（二）糖原负荷

肌肉糖原耗竭和低血糖是耐力自行车运动中疲劳发生的主要因素，但因高水平自行车运动员比赛频繁，实施规范的糖原负荷法有一定困难，故建议能量消耗高的运动员采用高碳水化合物膳食，使摄入碳水化合物量达到 600 ~ 700g/d 或 l0g/kg 体重以补充糖原储备。

（三）训练和赛前的营养措施

1. 在训练和比赛前 3 天，膳食碳水化合物应达到 l0g/kg，尽可能使糖原储备达到最大量。

2. 赛前应适当补液，保证体内充分的水合状态，如预计出汗量大，可在饮料中加入适量钠盐。

3. 赛前数日避免进食高纤维食品。

4. 赛前 2 ~ 4 小时应进食碳水化合物 200g 的膳食，以满足糖氧化和糖原分解的需要。

5. 对少数在赛前 1 小时内补糖有反跳性低血糖者，可在赛前 5 分钟或即刻补糖。

（四）运动训练中的营养措施

1. 时间超过 45 分钟的剧烈自行车运动中，应补充含糖饮料，补糖量可为 60 ~ 70g/h，但要避免高渗性糖饮料，如 8% 以上的糖饮料会影响胃排空时间。

2. 应预测长时间运动中体液的丢失量，并且于运动前 5 分钟补液 6 ~ 8ml/kg 体重。运动中，每隔 15 ~ 20 分钟补液 2 ~ 3ml/kg 体重。

3. 大量补液后，如胃部感觉不适，可补充易消化的含碳水化合物的固体食物。长时间、低强度比赛时，可在比赛的第一期补充固体食物。

4. 运动中应避免补充高纤维素、高蛋白质、高渗透压和糖浓度较高的食物或饮料，以免引起胃肠道不适。

（五）运动后的营养措施

加快训练和比赛后的恢复是运动后营养措施的主要目的。肌糖原储备和体液平衡是决定恢复的重要因素。因此，运动后首先应尽快恢复肌糖原储备，可在运动后每两小时补充 50g 糖以满足最大糖原合成率的需要；摄入中或高血糖指数的碳水化合物，加速糖原合成；运动后立刻食用含糖饮料和易消化的食物加速糖原恢复等措施。另外，建议运动后补充含钠 25 ~ 100mmol/L 的含糖—电解质饮料促进体液平衡。

五、游泳运动员体能训练的营养特点

游泳运动员包括不同类型（如自由泳、仰泳、蛙泳和蝶泳）、不同强度和不同年龄组的运动员。运动员根据其专项特长，参加不同类型的训练，如长距离耐力、间歇性、冲刺性和划水动作练习等，此外还可参加一些陆上训练，如力量或补充性的耐力训练。一次游泳训练的时间可持续 3 小时、游泳距离达万米或更多，能量消耗很大，营养需要有一定特殊性。

（一）能量

国外一些研究指出，如果运动员每日进行 4 小时游泳训练，估计男、女运动员的能量消耗分别为 16.8 ~ 22.6MJ/d（4000 ~ 5400kcal/d）和 14.2 ~ 16.8MJ/d（3400 ~ 4000kcal/d）。运动员能量消耗因运动量（运动强度和持续时间）、体重和运动的力学效率不同可有较大差异。我国游泳集训队运动员由于运动量不同，能量摄入差异较大。游泳运动员不同于跑步运动员，由于低于环境温度的水温对食欲刺激，能量摄入量较高，体脂也比同年龄的跑步运动员高 4% ~ 6%。另外，游泳运动消耗能量高，部分运动员膳食摄入的能量仍不能满足需要，且游泳运动员的能量来源也存在脂肪摄入过多和碳水化合物摄入量较低的问题。因此，长期能量不足，加上膳食碳水化合物比例低，可引起慢性肌肉疲劳，故应及时监测和预防。

（二）碳水化合物

进行大运动量训练的游泳运动员不仅能量需要大，且碳水化合物供能应占总能量的 60% 或以上。竞技游泳运动员如果一次训练课后糖原再合成不完全，就会影响下一次训练课或比赛能力。要解决这一问题，应减少训练的负荷量以减少糖原的消耗，并摄入含碳水化合物至少 500g/d 的膳食，尤其是在运动后的头两小时补糖以促进糖原的再合成。肌糖原的再合成与摄糖量成正比，但在摄糖量达到 600g/d 后，肌糖原的再合成不一定继续升高。运动中补糖的个体差异很大，少数运动员在长时间运动后会出现血糖下降现象，甚至降至低血糖水平。对有低血糖倾向的运动员，应采取运动前和运动中补糖的措施，但也有主张全队在运动中都补糖的办法。运动后补糖可促进肌糖原恢复，和其他项目一样，补糖时间应在头两小时内，越早越好，并采用高血糖指数的食物进行补充，因为胰岛素是糖原合成酶有效的激活剂。最近的研究提示，运动后膳食应有适量蛋白质，可增加胰岛素对糖的反应，从而增加肌糖原的储备率。

长时间进行高强度、大运动量训练常可导致慢性肌肉疲劳。慢性肌肉疲劳与大运动量训练和训练后肌糖原未能及时再合成有关。游泳赛季可持续 25 周，运动员的慢性糖原耗损可达到 6 个月，赛季结束，运动量逐渐减少、肌糖原储备增加可能是运动能力提高和肌肉力量改善的原因之一。

（三）蛋白质

蛋白质分解可因慢性肌糖原耗竭和膳食能量不足而加速。蛋白质丢失会使瘦体重减少。保持瘦体重和肌肉力量对游泳运动员的比赛能力极为重要。研究表明，竞技游泳运动员经常进行大运动量的耐力和抗阻力训练，在训练期对蛋白质的需要增加，因此应增加蛋白质摄入量至 1.5 ~ 2.0g/kg 体重。

（四）微量营养素

在大运动量训练期，小剂量补铁有利于预防血红蛋白、铁蛋白下降。大运动量训练期应对运动员的营养状况进行定期监测。

六、冰雪项目运动员的营养特点

冰雪项目包括速滑、冰球、花样滑冰和滑雪等不同类型运动，一般具有连续性、有节奏、多次起停、方向改变等特点。冰雪项目运动员在冷环境中进行的臀部收缩和膝伸等基本动作可占到总动作的 50% 以上，除冰上运动外，还有在陆地上的力量和技巧训练，涉及无氧和有氧供能系统。

（一）营养需要

我国推荐滑冰、冰球、高山滑雪运动员每日能量适宜摄入量应为 15.5 ~ 19.7MJ（3700 ~ 4700kcal），越野滑雪应大于或等于 19.7MJ（大于或等于 4700kcal）。产能营养素的比例，碳水化合物为 60%，蛋白质为 12% ~ 15%，脂肪不超过 30%。

运动后 2 小时补糖 100g 及赛后进食高碳水化合物膳食有利于糖原恢复和预防慢性糖原耗损。赛前 4 小时应进食高碳水化合物膳食，赛前如时间允许还可补充易消化的甜点。

蛋白质的摄入量应达到 1.6g/kg，以保持组织蛋白质和肌肉力量。

应注意在运动前、中、后及时补水以预防脱水，训练和比赛场地应有随手可及的运动饮料。

维生素和矿物质需要同其他项目运动员。

（二）冰雪运动员的营养问题及对策

冰雪运动员由于场地的限制和训练的需要，经常到处移动，很难固定在一处训练，因此不易获得持久、合理的膳食营养。国内外的相关调查结果显示，冰雪运动员存在训练时间长而无充分时间准备和选择膳食，糖原耗损后不能及时补充，膳食中碳水化合物供能比过低而脂肪供能比过高（脂肪可高达50%），维生素 B1、维生素 B2 和维生素 C 摄入不足等问题。我国运动员膳食蛋白质摄入量虽然已达到 101 ~ 166g/d，占总能量的 12.4% ~ 21.5%，但膳食必需氨基酸模式不平衡，与理想模式差距较大，可能使蛋白质的利用率减低。

建议增加膳食中主食的摄入量，减少动物性脂肪和蛋白质，多吃蔬菜、水果，鼓励运动员多喝牛奶，适量进食豆制品，并注意补糖和补液。

七、团队集体项目运动员的营养特点

团队集体项目包括篮球、橄榄球、足球、曲棍球、冰球、排球、手球等。这些项目运动员需要进行不同类型运动：多数进行高强度运动，但运动强度随时可变（如足球运动中，运动员可以是静止站立或冲刺跑），具有能量转换率高、间歇性、运动持续的总时间长等特点，由于运动中跑跑停停的间歇性质，运动能力不仅在运动后期因肌糖原耗损受影响，而且在训练和比赛中经过一段高强度运动后，因磷酸肌酸消耗影响 ATP 再合成速度，也可发生疲劳。集体项目运动员运动强度因动力、体能和战略战术不同，个体差异很大。

（一）能量

不同运动员能量需要差别很大。一些调查发现，足球、篮球和手球等项目运动的平均运动强度为 70% ~ 80%V02max；足球运动员能量摄入量为 10.5 ~ 26.MJ（2500 ~ 6400kcal），平均为 20.7MJ（4900kcal）。我国篮球、足球和排球运动员的能量适宜摄入量为 17.6 ~ 19.7MJ（4200 ~ 4700kcal）或更多，或 272kJ/kg（65kcal/kg）以上。

大部分团队集体项目运动员的能量主要来自碳水化合物和脂肪氧化，间歇性运动中，肌糖原消耗很大，糖原水平低可能成为限制运动能力的因素。多数团队集体项目运动员的脂肪氧化量较高，脂肪在高强度运动后氧化，高强度运动休息期脂肪氧化的主要来源可能是肌肉甘油三酯。足球和篮球运动员在运动中蛋白质氧化供能小于 10%。

适宜的能量来源为碳水化合物占总能量的 55% ~ 65%、蛋白质占 12% ~ 15%、脂肪占 25% ~ 30%。

（二）膳食安排

高碳水化合物（包括适量主食、淀粉含量高的糕点、蔬菜、水果和饮料）膳食和保持体内良好的水合状态是合理营养的重点。高碳水化合物膳食增加肌糖原储备，促进消除疲劳，对离心运动或合理冲撞等造成的肌肉损伤后的糖原再合成也有利。蛋白质摄入量应为 1.2 ~ 2.0/kg，然而目前国内外优秀运动员从动物性食物中实际摄入的蛋白质一般都超过 2.0g/kg。一般情况下，包括高强度力量训练期无须补充蛋白质制剂。运动员摄入动物性食物较多增加了脂肪摄入，应注意采用低脂肪食物。运动员进行高原训练或赛季前，应注意补充含铁丰富的瘦肉、猪肝、干坚果、豆类等食品。摄取平衡膳食情况下，不需要额外补充维生素，但在高原训练时可适量补充维生素 E，热环境训练时应适量补充复合维生素 B 和维生素 C。

脱水是间歇性运动引起疲劳和运动能力下降的主要原因，运动员应注意在运动前、中、后及时补液。运动饮料是运动员理想的补液饮品，运动前和运动中不要饮用含咖啡因的饮料，咖啡因饮料饮用过量影响兴奋剂检查结果，而且易引起脱水；运动中不要饮用糖浓度高的饮料，以免引起胃不适和胃排空延迟。比赛前一天和比赛当日应充分补液，补液量应大于满足口渴感觉的量，运动中应少量多次补液。运动员可自我监测尿液的颜色，以预防脱水。

第二节　体能训练的营养补充

为了有效指导体能训练和比赛期的合理营养，可将比赛期营养分为比赛前营养、比赛当日赛前一餐的营养、比赛中营养和比赛后营养。总体来讲，比赛期的膳食应是高碳水化合物、低脂肪、适量的蛋白质和充足的水分，并含丰富的矿物质和维生素。所选食物应为运动员所喜爱，避免高脂肪、干豆、含膳食纤维多的粗杂粮、韭菜等容易产气和延迟胃排空的食物，少用或不用辛辣和过甜的食物，以免刺激胃肠道，给比赛带来不良影响。

一、赛前营养与竞赛能力

运动员的比赛成绩取决于科学的训练、良好的竞技状态、心理素质和合理营养。合理营养有助于提高运动员训练效果和竞赛能力，并促进运动后体力的迅速恢复。但值得指出的是，合理营养促进竞赛能力的作用不是在短期内产生的，所以不能过高地期望赛前营养产生“奇迹”。运动员在比赛前处于高度兴奋和精神集中的生理、心理紧张应激状态，消化系统血流量减少，肠蠕动增加，使运动员消化功能减弱，可出现食欲减退和腹部不适甚至腹泻等症状。赛前合理营养为运动员保持良好的竞技状态创造条件。相反，如果比赛前饮食不当，如采用饥饿和脱水等不合理措施快速减轻体重，会使运动员的比赛能力下降，甚至出现消化功能紊乱、腹胀、腹痛、呕吐、腹泻及低血糖、疲乏无力和肌肉痉挛等症状，以致降低竞赛能力，影响比赛成绩。

二、赛前营养原则

（一）保持能量平衡，维持适宜体重

运动员在赛前均会不同程度地减少运动量，故膳食能量供应应随运动量变

化而减少，以保持能量平衡。如果运动量减少而能量摄入量不变，运动员体重会增加，多余的体重和体脂限制耐力、速度和力量等素质发挥。所以赛前的饮食应使运动员保持获得最佳竞赛能力的适宜体重和体脂。

（二）减少蛋白质和脂肪摄入

应避免在赛前添加过多高蛋白质和高脂肪食物，因为蛋白质和脂肪的代谢产物呈酸性，使体液偏酸，促进疲劳发生。赛前切忌大量补充氨基酸，大量补充氨基酸会使血氨增加、消耗丙酮酸、影响有氧代谢、刺激胃肠道，并使水分吸收减少，影响运动能力。

（三）增加碱储备

比赛前运动员应多吃蔬菜、水果等碱性食物，或在医生指导下补充碳酸氢钠，以增加体内碱储备，延缓疲劳发生。

（四）纠正维生素缺乏

过量补充维生素对运动员的运动能力无作用，但如果已存在维生素缺乏，及时纠正维生素缺乏状况有利于运动员比赛能力的发挥。维生素 B1 临时服用对运动能力的影响不明显，至少应在比赛的 10 天至 2 周前补充，每日补充 5 ~ 10mg 才有效。维生素 A 的补充量可达每日 5000 ~ 10000IU，但过量可引起中毒。因此，在比赛前应从食物中摄取各种维生素，必要时也可以补充维生素制剂。

第三节　体能训练的运动处方

一、运动处方的含义

（一）概念和目的

运动处方是 20 世纪 50 年代美国生理学家卡波维奇提出的。1969 年，世界卫生组织（WHO）使用了这一术语，从而在世界上得到广泛运用。“处方”在医学上是指医师给病人开的药方，不同的病或同一种病而程度不同都不能使用同一处方。同样，要科学地锻炼身体，提高健康水平，预防或治疗疾病，也必须“对症下药”。所谓运动处方，是指用处方的形式，规定体疗病人或健身运动参加者的运动内容、运动强度、运动时间和运动频率等内容。它是指导人们有目的、有计划科学锻炼的一种形式。在有效的运动处方指导下进行锻炼可以达到以下目的：

1. 增进身体健康

它包括两方面，一是预防疾病，特别是“文明病”；二是改善身体状态，提高对环境的适应能力。

2. 提高身体机能

可以指导锻炼，使肌肉力量、耐力、爆发力、身体的灵敏性、技巧性、平衡性、柔韧性等素质和运动能力得到增强。

3. 治疗疾病

把运动当作康复疗法的一种手段，严格地按处方进行，可以大大提高运动中的安全性，尽可能少地出现意外伤害事故。

（二）运动处方的种类和特点

传统的运动处方大致可分为以下两种：

1. 治疗性运动处方

治疗性运动处方主要用于某些疾病或损伤的治疗和康复，它使医疗体育更加定量化、个别对待化。例如，某人中等肥胖，体重超标 10kg，他需每天爬山 1 小时，约 16 周的时间体重可以降到标准范围，这就是治疗性运动处方。

2. 预防性运动处方

预防性运动处方主要用于健身防病。人过中年，身体机能就开始衰退，如动脉硬化就可能慢慢形成了。为了预防动脉硬化，运动处方规定了中等强度的耐力跑，使脂肪和胆固醇等物质不易沉积，从而达到预防动脉硬化的作用。这就是预防性运动处方。

另外，按照运动处方的目的可分为健身运动处方、竞技运动处方、康复运动处方三种。随着运动处方的日益普及和发展，运动处方的种类也不断增多。

3. 运动处方的特点

（1）科学性强，锻炼效率高。

（2）针对性强，锻炼效果好。

（3）普及面广，锻炼收效快。

（4）计划性好，锻炼容易坚持。

二、运动处方的内容

（一）运动项目

根据体育运动参加者的目的选择有针对性的运动项目。例如，为了健身或改善心脏功能和代谢，或者为了预防“文明病”、老年病，宜选择以有氧代谢为主的走、慢跑、游泳、自行车等耐力性项目；为了增强肌肉，宜选择力量性项目；为了松弛精神，预防高血压和神经衰弱，可选择太极拳、保健按摩、散步和放松体操等。

（二）运动强度

运动强度是指在单位时间内完成的运动量。运动强度可用最大吸氧量、心率、功率、速度（m/s）、单位时间重复次数等表示。由于运动强度对锻炼者的机体影响最大，因此，它的安排是否恰当是影响运动处方效果的关键。

（三）运动时间

运动时间是指每次运动所持续的时间，即达到处方要求强度的持续时间。运动时间的长短要根据个人情况、医学检查、运动频率的大小而定。

（四）运动频率

运动频率是指每周运动的次数。运动间隔时间过长或过短都会影响运动处方的效果。

（五）运动处方的形式

运动处方可根据不同的需要采用不同的形式，但在处方中，必须指出禁止参加的运动项目、锻炼的自我监督指标及出现异常情况时停止运动的准则等。在制定和执行处方时，都必须严格遵守循序渐进、区别对待的原则，加强医务监督，充分考虑安全。

三、运动处方的制定方法

运动处方中的机能检查包括两方面，一是对参加体育锻炼的慢性病患者进行健康诊断；二是进行运动负荷实验。诊断和实验的指标包括身高、体重、血压、心电图、心肺功能、摄氧量、血液和尿液的化验等。诊断和实验是为运动安排提供科学依据。

（一）健康诊断

健康诊断即医学检查。其目的是掌握被检查者的身体健康状况，评定其体质等级，排除体育运动禁忌证，为运动负荷实验提供有效的安全系数。

1. 运动负荷实验

运动负荷主要是测定有氧工作能力，诊断冠心病并对心脏病病情分类，测定运动中最高心率及确定运动时的安全性。实验中的运动负荷有两种，最大负荷和次最大负荷。最大负荷的实验比次最大负荷实验更合乎要求，但其危险性较大，尤其是老年人或有某些疾病的患者。

制定运动处方必须做运动负荷实验，它是最重要的检查方法之一。为了确保运动负荷实验中的安全和运动处方的有效性，常放弃最大负荷实验而采用次最大负荷实验。此外，在进行运动负荷实验时，对那些在医学检查中发现有潜在病患的人或可疑者，必须准备相应的应对策略。

2. 负荷前的安全检查

运动负荷试验前，首先要弄清楚有无禁忌证。由于死亡事故在心血管系统的原因较多，所以循环系统特别是心电图和血压是不可缺少的项目。

3. 确定当天安全性的检查

评价检查当天身体状态是非常必要的，具体检查项目包括：

（1）有没有感冒等传染性疾患。

（2）体温（腋下）不超过 37℃。

（3）安静时心率每分钟在 100 次以下。

（4）安静时收缩压不超过 120mmHg。

（5）当天未曾饮酒。

（6）有足够的睡眠。

（7）有规律的按时进餐。

（8）已接受医学诊断，并得到医师对进行运动的许可。

4. 确定运动负荷试验中的安全性

面色苍白、发绀、高度呼吸困难、胸闷、脚疼、发生外伤时应终止试验；比较安静时与运动中心电图的差异，若有 S-T 段下降、心律失常等必须终止试验，运动中如果血压过高（超过 250mmHg）就要终止运动；当增加负荷时，如果出现血压下降，这表明心脏衰弱，也应该终止运动。为了确保运动负荷试验的安全性，在最大负试验时，应预先给受试者规定一个“目标心率”，试验中一旦达到预定目标心率，就可终止运动负荷试验。目标心率因人而异，不能千篇一律。一般地说，由于最高心率随年龄增高而下降，“目标心率”也应随之下降。尽管建立了以上安全措施，事故还有发生的可能，所以运动负荷试验只能在医师到场的情况下实施。另外，还要预先做好必要的急救准备，一旦事故发生确保有相应的对策。

（二）运动安排

要根据上述诊断检查和负荷实验的结果，合理安排运动量。

1. 运动强度的确定

（1）用耗氧量确定强度：健康人、青年人用运动负荷实验中所测得的最大吸氧量的百分比来控制运动强度。例如，80% 最大吸氧量为较大强度；50% ~ 60% 最大吸氧量为中等强度；40% 以下为较小强度。如果是为了减肥就必须用中等强度，若是为了提高心脏的功能，增强机体的有氧工作能力，可以用 50% ~ 80% 的最大吸氧量强度。

（2）用最高心率确定强度：因病或年老体弱不能测定最大吸氧时，只好用最高心率（220– 年龄）确定强度。最高心率的测定也要通过运动负荷试验，只能用目标心率。例如，一位 60 岁的老人，安静时的心率为 70 次 /min，目标心率 =0.9×（160–70）+70=151 次 /min。当运动负荷试验中心率达到 151 次 /min 时就可以终止试验了。151 次为目标心率峰值，即为上限，不可超越，如果超越就有危险。目标心率的均值 =0.7×（160–70）=133 次 /min。有效强度的下限不能再低于 133 次 /min，否则就不会获得锻炼的效果。此人在运动中的心率必须控制在 133 ~ 151 次 /min 的范围内。

（3）在无条件进行运动负荷试验时，只有用 170（或 180）– 年龄这个公式去估计适宜强度。

2. 运动时间的确定

每次运动的持续时间一般要求达到有效强度后，至少持续 15min 以上才能见效。但是运动时间的长短与运动强度成反比，强度大，持续时间可以相应缩短；

强度小，时间应延长。最短时间限度是 5min，最长以 60min 为宜。

3. 运动频度的确定

运动频度是每周的运动次数，一般每周 3 ～ 4 次或隔日 1 次。因为每周运动 2 次以下，不足以使最大吸氧量得到足够的提高。偶尔参加几次只能增大软组织损伤的可能性。另外，还要考虑体力测定的准确性、运动能力的强弱等因素。对体力好、运动能力强的人来说，运动次数可以多一些。

第四节　体重管理

一、减重的生理学机制

（一）能量平衡

能量平衡公式的基本原则很简单：一个人只要能量摄取等于能量消耗，体重就不会增加或减少，如果能量摄取大于能量消耗，体重就会增加，而当能量消耗大于能量摄取，体重就会减轻。假如可以精确算出每天能量的需求量，能量摄取和能量消耗就可以达到平衡状态，然而实际情况并非全部如此，因为遗传因素和生活状态的个别差异也会影响维持体重的能量需求量。

500g 脂肪相当于 3500kcal 热量，每个人每天每千克体重最少要消耗 30kcal 的热量。如果一个人每天的估计能量需求量（EER）是 2500kcal，假使这个人每天减少 500kcal 的能量摄取，那么他在 7 天的时间就可以减少 500g 脂肪。但是研究发现，即使节食者很小心地计算能量摄取和能量消耗，体重的降低总是不如预期的。此外，即使能量摄取和能量消耗非常相近的两个人，他们体重下降的速率也很少是一样的。

（二）设定点理论

一些研究结果指出，在体重调控机制中会有一个设定点，此设定点是人体在长时间特有的饮食习惯和生活状态下逐步形成的。在相当长一段时间内，它可自动地通过调控食欲和人体能量的基础代谢率来保持人体的脂肪储存量。当我们强行改变人体的体重时，会遇到体重调控机制的反抗和阻碍，并给减轻体重带来困难。

设定点被假设为身体脂肪的调节器，它可以用来维持相当稳定的体重，因为它随时都知道目前人体内已储存的脂肪量。有些人的设定点较高，而有些人的设定点则较低。

假如一个人的体重有减少（如正在节食），设定点会察觉到这种改变，因而引发体重调控机制去增加这个人的食欲，或者促使身体尽量储存能量以维持原来所设定的体重。相反的情况也是如此。有些人为什么很难增加体重，就上面的例子而言，体重调控机制会调降这个人的食欲，或引发身体消耗较多能量以维持在较低的体重。

（三）设定点与能量摄取

每个人都有其自己固定的体脂百分比（犹如设定点所设定的），人体会试图去维持这个百分比。基因基于生存的本能，会告知身体其脂肪的储存量，因此，身体必须设定一个可接受的脂肪量。脂肪的储存量可能持久不变，也可能因不良的生活行为习惯而逐渐上升。例如，在严格限制能量摄取的情况下，人体会极力降低新陈代谢率以维持脂肪的设定点。基础代谢率是维持生命需求的最低能量摄取标准，当人刻意使能量摄取低于基础代谢率时，基础代谢率就会明显下降。因此，体重的下降仅能维持几天或几个星期而已。

这些发现被纽约洛克菲勒大学的研究团队所证实，该研究指出，身体对于改变后的体重会有抗拒的现象。此研究以肥胖者及从未肥胖者为受试对象，当这些受试者减少 10% 的体重后，身体为了试图恢复所失去的体重，会补偿性地降低 15% 的基础代谢率（减少 10% 的体重后），而且肥胖者与从未肥胖者的受试者都有这样的现象。这个研究成果意味着一个人在减轻 10% 的体重后，必须吃的更少或运动更多，才能平衡因基础代谢率下降而减少 200 ~ 300kcal 的能量消耗。

此研究也发现，当受试者再次增加 10% 的体重而恢复到减重前的体重时，身体又增加 10% ~ 15% 的基础代谢率，因为身体企图多消耗能量以维持减重后的体重。此研究结果再次证明了人体会高度抗拒体重的改变，除非结合其他生活形态的改变，才能确保体重控制的成功。

单独使用节食的方法并不能降低设定点的值，即使节食者可因此而减轻体重和体脂，一旦恢复正常或稍低于正常的能量摄取时（此时他的体重或许已稳定了一段时间）节食者仍然会很快恢复已减轻的脂肪，因为身体本身会试图恢复原先所设定的脂肪储存量。例如，当一个人想要减掉一些体脂肪时，假设其目前已达到稳定的体重，而每日平均的能量摄取为 1800kcal（在这个摄取量下，体重不会增加或减少），但是为了迅速减重，这个人正采取一种极低能量的减肥法（每天能量摄取少于 800kcal），或是采用近乎绝食的方法，此时，身体会很快地活化它的救援机制，并且调降它的新陈代谢率。如果每天摄取量低于 400kcal 的节食持续数星期后，人体变成每天只要摄取 1000kcal 的能量就足以维持身体正常的功能。

一旦减掉期望的体重后，设其目前已达到稳定的体重，而每日的平均能量摄取为 1800kcal（在这个摄取量下，体重不会增加或减少），但是为了迅速减重，这个人正采取一种极低能量的减肥法（每天能量摄取少于 800kcal），或是采用近乎绝食的方法，此时，身体会很快地活化它的救援机制，并且调降它的新陈代谢率。如果每天摄取量低于 400kcal 的节食数星期后，人体变成每天只要摄取 1000kcal 的能量就足以维持身体正常的功能。

一旦减掉期望的体重后，这个人往往会因此停止节食，为了维持减重后的体重，原本每天摄取 1800kcal 的热量必须稍微减少。为了适应这个新的体重，节食者将每天的能量摄取限制在 1500kcal 左右，结果却惊讶地发现，即使每天的能量摄取已经较原来少了 300kcal，体重却仍旧以 1 ~ 2 个星期增加 500g 的速度回升。因此，一旦停止节食，原先所调降的新陈代谢率必须经过几个月才会再慢慢恢复到原来的水平。

基于上述的说明，大家应该明白，采取极低能量的减肥法不仅会降低基础代谢率，也会剥夺每日维持正常身体功能的基本营养素。极低能量的减肥法需配合饮食增补品，且需有适当的医疗看护才能实施。此外，研究也指出，采用极低能量减肥法的人，一旦停止此种饮食法，很难继续维持减重后的成效。

女生如果要节食，每天的饮食摄取量不能低于 1200kcal，而男生则不能低于 1500kcal。因为体重的增加是慢慢累积的，而不是一夜造成的。同样的道理，减重也应该是缓慢的。

如何降低设定点?

关于设定点最普遍的问题是如何降低身体的设定点，让身体在减少体脂百分比后，还能维持舒适的状态。以下这些因素可以直接影响设定点的高低：

（1）有氧运动。

（2）高复合碳水化合物的饮食。

（3）尼古丁。

（4）安非他命。

最后两项比体脂过多更危害健康，所以不是理想的替代方式（它们一样会造成心脏额外的负担，而每天抽一包香烟就如同每天多负荷 25 ~ 37.5 的脂肪）。从另一个角度讲，高脂和精制糖类的饮食、近乎绝食的饮食行为和人工甜味佐料等，都会使设定点上升。因此，要降低设定点并减少体脂，唯一实用而明智的方法，就是结合有氧运动与高复合碳水化合物和低脂的饮食。

节食不应被视为减重的临时工具，永久的改变饮食行为才能有效地控制体重并增进健康。此外，必须考虑增加身体活动量，因为成功的减重、维持减重后的体重及理想的身体组成，大多都是采用适当地减少能量摄取并配合规律的运动习惯。

二、节食与新陈代谢

要减少体脂肪可以透过选择适当的食物种类、运动或限制能量摄取等方式。假如一个人只试图靠节食来减重，则体内去脂体重（肌蛋白及主要器官的蛋白质）也会跟着流失，而去脂体重流失的多少则完全依能量限制的程度而定。

当一个人采取近乎绝食的方式减体重时，所降低的体重有近一半是属于去脂体重。如果采取饮食限制并配合运动，所减少的体重中，近 100% 是脂肪，而且去脂体重还会增加。去脂体重的流失是一件不好的现象，因为这样会衰减器官和肌肉的功能，并且降低新陈代谢率。此外，去脂体重大量流失也会影响心脏的功能，并且伤害其他器官。同样很重要的是，不要过度采取极低能量的减肥法，这样可能会影响新陈代谢率和电解质的平衡，而引发致命性的心律不齐。

基础代谢与去脂体重有直接的关联，去脂体重越多则基础代谢率越高。由于坐式生活和身体缺乏活动的结果，去脂体重会减少而脂肪量会增加。人体每 500g 去脂体重会消耗一定数量的氧气，以能量消耗的观点而言，脂肪则被认为是一种代谢较迟缓的物质。即使在休息的状态，去脂体重仍旧会消耗较多的氧气。当肌肉量和器官的重量（去脂体重）减少时，休息时的能量消耗也会相对减少。

去脂体重的流失最常发生在老年人（主要是因为缺乏运动的人）及严格限制饮食的人身上。去脂体重的流失说明了新陈代谢率之所以较低且需一段时间才能再回升的原因。

节食时如果每天的能量摄取低于 1200kcal，很难继续维持原有的去脂体重。即使每天以这样的摄取量，除非采取节食计划与运动相结合的方法，否则去脂体重的流失是无法避免的。虽然有一些减肥法宣称不会改变去脂体重，但事实上，不管在饮食中添加什么样的营养素，采取严格的饮食限制必定会加速去脂体重的流失。

40 岁以上的人如果体重仍旧与 20 岁时一样，很容易让他们误认为他们拥有理想的体重。在过去 20 年里，他们可能曾多次在没有从事运动课程下实施节食，而在中止每一次节食后，体重往往在短时间内又迅速回升，而所回升的体重大部分都是脂肪。换句话说，在 20 岁时他们或许重 75kg，但体脂百分比只有 15%，现在 40 岁了，即使现在的体重仍然维持 75kg，体脂百分比可能已高达 30%。因此，它们会质疑为什么已经吃得那么少了，却仍无法维持在理想的体重。

三、运动是减重与维持体重的关键因素

要使能量平衡对自己产生有利的最好方法，是通过身体活动来消耗能量。

研究显示，结合运动和饮食控制是减重最有效的方法；而有规律的运动习惯则是长期维持减重后的体重的最好方法。

运动不仅可以维持去脂体重，就设定点理论而言，运动也可以重新设定脂肪调节器而调降设定点。设定点的调降速度也许很快，也许需花一段时间。虽然有些人通过每天运动 30min 就可以达到减重的效果，但是许多体重过重的人可能需要每天运动 60min，才能看到明显的减重效果。而设定点较高的人则需更有耐心和毅力。

假如一个人试图要减重，结合有氧运动和肌力训练才是最好的方式。有氧运动是调降设定点最有效的方法，而且连续长时间从事有氧运动也可以消耗较多的能量。因此，想要能够终生控制体重，有氧运动是最好的方法。而肌力训练则可以帮助维持去脂体重。

采取有氧运动和肌力训练相结合的方式时，减重的效果会更快速。每增加一斤的肌肉量，每天的基础代谢率可多消耗 35kcal 热量。因此，经由肌力训练而增加 2.5kg 肌肉量的人，每天的基础代谢率就可以多消耗 175kg 热量，相当于每年 63875kcal（175 × 365），或等于 9.13kg 的脂肪（63875 ÷ 3500）。

（一）低强度运动与高强度运动对减重的成效

以减重为目的而言，有些人认为低强度运动的减重效果优于高强度运动。与高强度运动比较时，低强度运动所消耗的能量有较高的比例是来自脂肪，运动强度越低，脂肪作为能量来源的比例越高。从理论上而言，假如你的目的是要减少脂肪，这个原则是可以理解的，但实际上这是一种误导。基本上，当你想要减重时你就必须消耗较多的能量，一旦你每天的能量消耗多于能量摄取时，体重自然就会降低，消耗的能量越多，脂肪减少的数量也就越多。

在低强度运动时，有高达 50% 的能量消耗是来自脂肪。然而，就整体而言，在高强度运动时可以消耗两倍的能量，当然就可以消耗较多的脂肪。

例如，假如以中等强度运动 30min，并且消耗了 200kcal 的能量，其中大约有 100kcal 是来自脂肪（占 50%）；假如以高强度运动 30min，你可以消耗 400kcal 的能量，其中有 120/160kcal 的能量消耗来自脂肪（占 30% ~ 40%），因此，虽然在低强度运动中脂肪被消耗的百分比较高，但以总脂肪量来计算时，低强度运动所消耗的脂肪量还是比较少。再者，以低强度从事运动需花两倍的时间才能消耗掉等值的热量。高强度运动的另一个好处是，运动后身体会持续较长时间维持在较高的新陈代谢率，并继续消耗较多的热量。

此外，高强度运动所消耗的脂肪量多于低强度运动。研究表明，从事高强度间歇训练的受试者，其减少的脂肪量多于那些从事连续性中低强度的有氧耐力训练的受试者。

在开始从事高强度的运动前，要特别小心谨慎。需先确定健康上是否有问题，且运动强度要采取循序渐进的方式。假如你已决定要从事高强度运动，一开始的运动量不要太多或增加太快，否则容易遭受运动伤害或挫折感。在从事高强度运动前最好先进行 8 ~ 12 周低强度的适应期。以上对运动的讨论，并不意味着低强度运动是一种没有效益的运动。事实上，低强度的运动也可以达到健康促进的效益，而且一般人开始运动时都比较喜欢采取低强度的运动，不但运动的意愿较高，也较能持之以恒。

（二）如何健康地增重

即使是很瘦弱的人也应该了解如何健康的增重，最好的方法是通过运动（主要是肌力训练）和那些企图以过量的饮食来增加体重的方法，所增加的是脂肪，而不是去脂体重，会对健康造成危害。

如果想要每周增加 500g 的肌肉组织，建议每天要多摄取 500kcal 的能量，其中蛋白质的摄取量要比饮食建议摄取量多 15g。但就人们传统的饮食而言，则没有必要再额外摄取 15g 蛋白质，因为人们每天蛋白质的摄取量已经比饮食建议摄取量多出 30 ~ 60g。因此，额外 500kcal 的能量摄取则应以复合碳水化合物为主。如果能量摄取的多却没有实施肌力训练，所增加体重将是脂肪，而不是肌肉组织。

四、安全而明智的减重法

（一）运动减重法

节食绝不是一件有趣的事情。因此，那些体重过重而且一心想要减重的人，在生活中必须结合有规律的运动，选择适当的食物种类和减少能量的摄取。

减重前应先采取预防措施。因为体脂过多是心血管疾病的危险因子之一，在进行运动训练前，应根据个人的肥胖程度先做健康检查和运动压力心电图测验，医师会针对这些测验结果提供一些意见。

体重明显过重的人所选择的运动，必须是不必支撑自己的体重而且还能有效消耗能量的运动。体重过重的人如果从事支撑体重的运动（如走路、慢跑和有氧运动），很容易伤害到关节和肌肉。

游泳对减重而言，也不是一种很好的运动。体脂较多的人通常浮力也较大，而且大多数的人并没有很好的游技可以快游以达到最好的运动效果。

一些比较好的替代方法是：骑脚踏车、在浅水池中走路、做水中有氧运动、在深水中做跑步（或踩水）动作。近几年，一些水中运动越来越受欢迎，已证实对减重有很好的效果，而且不用担心会造成运动伤害。

每次运动应该持续多久的时间呢？想要减重并维持减重后的体重所需的运动量和提升体能的运动量是不同的。为了增进健康体适能，建议尽可能每天累积 30min 的身体活动。如果是为了提升并维持心肺适能，建议每周运动 3 ~ 5 次，每次理想的目标是运动 20 ~ 30min。如果是以减重为目的，则每星期需运动 5 ~ 6 次，每次需持续 45 ~ 60min。

运动时持续较长的时间可以燃烧较多的脂肪。碳水化合物和脂肪都是能量的来源，在长时间运动中一旦葡萄糖的浓度减少，就会有较多的脂肪被利用为能量的来源。

（二）能量的摄取

除了运动与适当的食物管理外，理想的减重也应注意减少能量的摄取并加以监控。大多数的研究发现，减重时必须达到能量的负平衡。原因如下：

1. 很多人都会低估自己的能量摄取，因而吃了超过他们所该吃的分量。养成新的行为习惯需一段时间，而且大多数的人并不容易改变并调整新的饮食习惯。

2. 许多人的生理状况较差，需花较长的时间慢慢增加身体活动量，才足以调降设定点和燃烧足够的热量，以达到减少体脂的目的。

3. 大多数成功的节食者都需小心监控每天的能量摄取。

4. 为了达到减重的目的，必须减少能量的摄取。根据营养分析的结果显示，长期减肥者能量摄取经常不足，事实上，这些人应该增加每天的能量摄取并配合有规律的运动，才能使新陈代谢率恢复到正常的水平。

在日常生活中，人们可以通过各种手段来评估自己每天应摄取多少卡的能量，但这只是一个供参考的估计值。能量需求的估计主要是依据基本的生活形态、体重和性别，并不包含运动的能量消耗。基本上，一位做粗重工作的人其每天所消耗的能量远比那些坐式工作者（如坐办公室的人）要多。

五、行为修正与维持体重管理计划

（一）改变行为习惯

改掉旧的行为习惯并养成新的正面行为习惯需花费一段时间。运用以下的管理技术，可以成功地改变不健康的行为并终生实践正向的体重控制计划。

1. 对行为改变进行承诺：第一个要素是对于行为改变的渴望程度，需马上终止行为改变的无意图期和意图期，并继续向前迈进。需改变行为的理由必须比持续目前生活形态的理由更有说服力，必须勇于承认自己有偏差的行为，并自我决定是否真的要改变这些不良的行为。

2. 设定确实可行的目标：在设定一个确实可行的长期目标时，也应规划短期目标。长期目标可能是将体脂减至 20%，而短程的目标可能是 1 个月减少 1% 的体脂。这些目标应该定期评估并维持良好的动机，且随时调整短期目标以达到长期目标。

3. 减重课程需加入运动计划：选择自己喜爱的活动项目、地点、时间、器材设备和运动伙伴，可以帮助运动计划的持之以恒。

4. 辨识饥饿和食欲的差异：饥饿是生理上对食物的实际需求，而食欲则是对食物的欲望。

5. 少吃油质类，每克脂肪可产生 9kcal 热量，而碳水化合物及蛋白质则只产生 4kcal。

（二）培养健康的饮食习惯

1. 在饮食中摄取可以降低食欲的食物：蛋、红肉、鱼、家禽、乳酪、豆腐、油质、脂肪和无淀粉的蔬菜，如莴苣、绿色豆类、胡椒、芦笋、绿色花椰菜、香菇和芽甘蓝等。另外，在正餐和吃点心时适量摄取可以降低食欲的食物，不但可以帮助降低对碳水化合物的强烈渴望，也可预防过量摄食而增进减重的效果。

2. 避免不自觉地吃东西：许多人会在日常活动中不自觉地吃东西。例如，在烹饪、看电视或阅读时。大部分在这些情况下所吃的都是缺乏营养价值或富含糖类和脂肪的食品。

3. 尽量保持忙碌：让身心都忙碌于与吃无关的活动，可以使人远离吃的欲望，如散步、骑脚踏车、做运动、做园艺工作、缝纫、逛图书馆、逛公园等。为了改变生活的习性，不妨培养一些其他的技能或尝试某些新奇的事物。

4. 提前规划膳食内容：为达成这个目标需明智的选购食物，最好选在吃饱的时候购物。购物的种类最好包括全麦面包和麦片、水果及蔬菜类、低脂牛奶和乳制品、瘦肉、鱼类和家禽类等。

5. 尽量少选购脂肪和精制的食品。

6. 捞除肉汁和汤中的油质。

7. 以烘焙、烧烤、煮或蒸的方式替代油炸。

8. 少食用乳酪、奶油和沙拉酱。

9. 避免使用椰子油、棕榈油和可可脂。

10. 尽量选用含有纤维的食物。

11. 饮食中要包含全麦面包、谷类、蔬菜和豆类。

12. 餐后甜点以水果替代。

13. 少喝苏打汽水、果汁和水果调味的饮料。

14. 除了少用糖外，也要拒用其他精制的糖类，如玉米糖浆、麦芽糖、葡萄糖、果糖等。

15. 补充适量的水分——一天至少 6 杯。

16. 准备的分量不要过多。

17. 试着以小容量来替代超大容量。

18. 少在外面用餐。

19. 用餐时坐在餐桌上慢慢吃。

20. 应酬场合避免大吃大喝。

（三）小结

要去除多余的体脂并维持良好的体形，并没有简单而快速的方法。只有通过培养终生的运动习惯和选择适当的食物种类，才能达成体重管理的目标。实施减重计划时必须适量减少能量的摄取，从事适当的身体活动，改掉不健康的饮食习惯。

第五节　提高体能训练效果的营养食品

生命的存在、机体的生长发育、各种生命活动及体育活动的进行，都依赖于体内的物质代谢过程（机体不断地从食物中摄取新的物质和能源），这一获得与利用的过程，称为营养。营养是保证机体生命存在和延续的重要条件。

一、提高速度、力量的营养食品

在竞技体育的训练和比赛中，用以提高速度和力量的膳食主要有肌酸及其复合物，有牛磺酸、精氨酸和鸟氨酸为主的生长激素刺激剂，乳清蛋白制剂、蛋白粉等。这些食品的特点是富含磷酸原、蛋白质、氨基酸及刺激肌肉合成的有机铬、钒等微量元素，对提高力量和速度有帮助。

二、提高有氧耐力的营养食品

具有这方面作用的食品主要包括以下种类：

1. 糖类食品：常用的有果糖等糖类和维生素、左旋肉碱、柠檬酸、磷酸钾、辅酶 Q10 等组成的糖泵，含低聚糖的饮料及磷酸果糖等。

2. 蛋白类食品：主要有高能 OKG（含鸟氨酸和 α- 酮戊二酸）、支链氨基酸复合物（BCAA，其中添加维生素 B6）、GKG（含谷氨酰胺、脱氧核糖核酸及牛磺酸等）及生长激素刺激剂等。

3. 脂肪类食品：主要包括促进脂肪分解代谢的食品，如含胆碱、肌酸、蛋氨酸、左旋肉碱的食品等，以及含不饱和脂肪酸、中链脂肪酸甘油三酯、丙酮酸盐的食品等。

4. 抗氧化物质：SOD（超氧化物歧化酶）、磷脂、维生素 E、维生素 A、维生素 C、FDP（1，6- 二磷酸果糖）、辅酶 Q10 等。

三、降体脂的营养手段

人们在训练和健身活动中常常需要对体脂（体内脂肪）的含量进行控制，达到增加体能、提高运动能力的目的。为了达到减少体脂的目的，有人盲目地去节食、增加排汗或服用利尿剂。这些做法不仅不科学，而且往往会对健康造成损害。运动训练期间或平时在减体脂时，更应注意合理营养。

（一）热量需要

人即使不运动，每天也有必要的热量消耗，用以维持正常生命活动（呼吸、心跳、消化、血液循环等）的需要。这些热量不能凭空产生，而是通过人们每天的进食来满足。因此，即使在减体脂过程中，每天也要摄入足以维持基本生命活动所需的能量。

（二）平衡膳食

为了达到不多摄入能量又不损害健康的目的，应该提倡低热量的平衡膳食，并适当增加食物中蛋白质的含量，可以达到 2 g/kg 体重。在此期间，应尽量减少食物中脂肪的比例，不吃黄油、巧克力、油炸食物和甜食，尽可能少吃含脂肪多的花生、坚果，可将食物脂肪减少到 1.4 g/kg 体重。保证充足的维生素、无机盐和微量元素，必要时，可服用一些专门的维生素和微量元素制剂。

四、几种常见运动的营养特点

在群众性体育锻炼活动中，要达到提高体能的目的，也必须注意营养的调配，不同的运动项目，对营养调配有着不同的需求。

（一）跑步类

短跑是群众体育竞赛活动经常设立的一个项目，它以力量素质为基础，无氧代谢供能为特点，工作时间短，强度大，要求有较好的爆发力。在膳食中要有丰富的动物性蛋白质，以增大肌肉体积，提高肌肉质量，蛋白质的摄入量每日每公斤体重应保持在 3.0 g 左右。另外，要求在膳食中增加磷和糖的含量，为脑组织提供营养，改善神经控制和增强神经传递，动员更多的运动单位参加收缩。还要求在膳食中增加矿物质（如钙、镁、铁及维生素 B1）的含量，以改善肌肉收缩质量。

长跑以有氧耐力素质为基础，以有氧代谢供能为特点，要求有较高的心肺功能及全身的抗疲劳工作能力，虽强度较小但时间较长，体力消耗较大。从事长跑锻炼，要求膳食中有较全面的营养成分，增加机体能源物质的贮备，在丰富的维生素、矿物质成分中，突出铁、钙、磷、钠、维生素 C、维生素 B1 和维生素 E 的含量，这有利于提高有氧耐力。

（二）体操类

体操类动作复杂而多样，要求有较强的力量与速度素质及良好的灵巧与协调性，对神经系统有较高的要求。其营养特点是：高蛋白质、高热量、低脂肪，维生素、矿物质应突出铁、钙、磷的含量及维生素 B1、维生素 C 的含量。需引起注意的是，参加该类项目比赛时需控制体重，但不能过分控制饮食，避免造成营养不良，特别是不能影响参加锻炼的少年儿童的生长发育。

（三）球类

球类项目对力量、速度、耐力、灵敏、柔韧等素质有较高的要求。食物中要含丰富的蛋白质、糖及各种维生素等。球的体积越小，食物中维生素 A 的含量就应更高。足球活动时间较长且在室外活动，矿物质、水分丢失较多，应及时补充。

（四）冰雪类

由于长时间在冰雪上活动，加之周围环境温度较低，机体产热过程会增强以维持体温。由于蛋白质和脂肪消耗较多，膳食中必须及时给予补充，同时增加糖类以提供能源，增加维生素 B 族和维生素 A 的摄入。

（五）游泳类

游泳项目在水中进行，机体散热较多、较快，冬泳更是如此。游泳锻炼要求一定的力量与耐力素质，要求在膳食中含有丰富的蛋白质、糖和适量脂肪。对于老年人及在水温较低时抗寒冷的需要，膳食中可增多脂肪摄入；补充维生素以 B1、C、E 为主；矿物质摄入应增加碘的含量，以适应低温环境甲状腺素分泌增多的需要。

（六）棋牌类

棋牌类是以脑力活动为主的项目，脑细胞的能源特质完全依赖血糖提供。当血糖降低时，脑耗氧量下降，工作能力下降，随之会产生一系列不适症状，所以棋牌类项目对糖类有着特殊的需求，也可在下棋、打牌时随时补充。此外，膳食中可以增加蛋白质和维生素的供给，提高卵磷脂、钙、磷、铁的含量。膳食中应减少脂肪摄入，以降低机体耗氧，保证脑组织的氧供应。

五、不同气候条件下锻炼的营养特点

（一）冬季

冬季气温较低，寒冷的环境使机体代谢加快，散热量增加。这时，膳食中应增加蛋白质及脂肪含量。同时，增加热能充足的食物和维生素的摄入量。由于冬季穿着较多，户外活动少，接受日光直接照射的机会、时间少，还应在膳食中补充维生素 D 和钙、磷、铁、碘的摄入量。

（二）夏季

夏季气候炎热，此时锻炼应多在通风、荫凉处进行。锻炼时体内物质代谢变化很大，大量出汗使能耗增加，并使钙、钠、钾及维生素大量消耗和流失。所以，夏季锻炼时的膳食有其特殊要求，及时合理地补充水与电解质及维生素比补充蛋白质、糖、脂肪更为重要。在电解质中，氯化钠的摄入，常温下每人每天为 10 ~ 15 g，夏季高温时可再增加 10 g 左右。此外，还需补充的维生素（包括 B1、B2、C、B6）、胆碱、泛酸、叶酸等。

夏季，蛋白质的补充应较平日增多，减少脂肪成分，膳食搭配应清淡可口，以增加食欲，并多吃一些蔬菜与水果，以增加矿物质、维生素的摄入。

参考文献

[1] 曹丹 . 体育健康与体育教育学研究 [M]. 天津：天津科学技术出版社，2018.

[2] 曹宏宏 . 高校体育与健康课程教学实践改革研究 [M]. 吉林出版集团股份有限公司，2018.

[3] 曾理，曾洪林，李治 . 高校体能训练理论与训练教学指南 [M]. 北京：新华出版社，2018.

[4] 常德庆，姜书慧，张磊 . 高校体育教学与运动训练研究 [M]. 吉林出版集团股份有限公司，2020.

[5] 陈轩昂 . 新时期高校体育教学的改革与发展 [M]. 北京：航空工业出版社，2019.

[6] 杜烨，刘斌，刘慧 . 新背景下的高校体育教学改革与发展 [M]. 北京：原子能出版社，2020.

[7] 郝乌春，牛亮星，关浩 . 新时代背景下高校体育教学改革与发展研究 [M]. 北京：中国商业出版社，2021.

[8] 何文革，高旭东 . 专项训练发展分析与理论研究 [M]. 石家庄：河北人民出版社，2018.

[9] 贺慨 . 高校田径教学创新与课程改革研究 [M]. 青岛：中国海洋大学出版社，2019.

[10] 蒋明建，左茜颖，何华 . 高校体育教学体系的建设与发展 [M]. 长春：吉林大学出版社，2020.

[11] 蒋宁 . 传统与现代交汇下的体育教学改革探索 [M]. 成都：西南交通大学出版社，2016.

[12] 李进文 . 高校体育教学与体育文化融合发展研究 [M]. 中国原子能出版传媒有限公司，2021.

[13] 李婷婷，刘琦，原宗鑫 . 现代学校体育教学理论与方法 [M]. 吉林人民出版社有限责任公司，2021.

[14] 李正贤 . 多重理念下的高校体育教学改革研究 [M]. 北京：原子能出版社，2020.

[15] 刘景堂 . 高校体育教学改革研究 [M]. 北京：中国纺织出版社，2019.

[16] 鲁长春 . 高校田径教学与训练实践研究 [M]. 沈阳：沈阳出版社，2019.

[17] 陆宇榕，王印，陈永浩 . 体育文化与健康教育探究 [M]. 北京：新华出版社，2018.

[18] 马鹏涛 . 高校体育教学改革创新与科学化训练研究 [M]. 北京：新华出版社，2018.

[19] 马顺江 . 互联网 + 教育背景下高校体育教学创新思路研究 [M]. 沈阳：辽宁大学出版社，2021.

[20] 孙丽萍 . 新时代高校体育教学理论探索与实务研究 [M]. 长春：吉林大学出版社，2022.

[21] 王丽丽，许波，李清瑶 . 教育技术在高校体育教学中的实践探索 [M]. 吉林人民出版社，2021.

[22] 温正义 . 高校体育教学与大学生体育实践能力培养研究 [M]. 北京：北京工业大学出版社，2021.

[23] 夏越 . 现代高校体育教学研究 [M]. 北京：北京理工大学出版社，2019.

[24] 谢宾，王新光，时春梅 . 高校体育教学与运动训练研究 [M]. 吉林人民出版社，2021.

[25] 叶应满，王洪，韩学民 . 现代运动训练的理论分析与科学方法研究 [M]. 成都：电子科技大学出版社，2017.

[26] 张建梅 . 高校体育教学与大学生体能训练 [M]. 长春：吉林科学技术出版社，2020.

[27] 张京杭 . 高校体育教学方法实践探索 [M]. 北京：现代出版社，2019.

[28] 张世榕 . 大学体育 [M]. 北京：北京理工大学出版社，2020.

[29] 张亚平，杨龙，杜利军 . 高校体育教学理念及模式创新研究 [M]. 北京：中国商业出版社，2022.

[30] 郑砚龙，肖祥，曾文波 . 大学体育与健康实用教程 [M]. 天津：天津科学技术出版社，2020.

[31] 钟贞奇 . 大学生体育健康与体育运动 [M]. 长春：吉林人民出版社，2020.